*Der Mensch ist unerläßlich
zur Vollendung der Schöpfung,
ja er ist der zweite Weltschöpfer selber,
welcher der Welt erst das objektive Sein gibt,
ohne das sie ungehört, ungesehen, lautlos fressend,
gebärend, sterbend, köpfenickend durch Hunderte von
Jahrmillionen in der tiefsten Nacht des Nicht-Seins zu
einem unbestimmten Ende hin ablaufen würde.*

*Menschliches Bewußtsein erst hat objektives Sein
und den Sinn geschaffen, und dadurch hat der Mensch
seine im großen Seinsprozeß unerläßliche Stellung
gefunden.*

C. G. Jung, Erinnerungen, S. 259

inhalt

Schöpfung ist ebensosehr
Destruktion wie Konstruktion.

C. G. Jung, GW 8, S. 142

inhalt

Liebe Leserinnen und Leser,

das *Schöpferische*, in der Analytischen Psychologie ein vertrauter Begriff, wird in der Sprache unserer Zeit meist als *das Kreative* bzw. *die Kreativität* bezeichnet. Kreativität wiederum geht zurück auf *creare*: neu schöpfen, genauer: etwas vorher nicht da Gewesenes schaffen, erschaffen, hervorbringen, erzeugen; auch zeugen und gebären, ins Leben rufen, verursachen und bewirken, erfinden, herstellen, zudem kann es bedeuten: erwählen, ernennen.

Manchmal wird in der Kreativitätsforschung auch auf das lateinische *crescere* (wachsen, nach und nach hervorkommen, zunehmen, anfangen, sich mehren, erweitern) als etymologischer Hintergrund für *creare* hingewiesen. Im *crescere* ist das prozesshafte, natürliche Werden und Wachsen etwa bei Kindern und Pflanzen betont, das auch der Ruhe, der Passivität, des Wartens und des Geschehenlassens bedarf. Es stellt den anderen Pol des Schöpferischen zu der im *creare* betonten Aktivität dar.

In principio creavit Deus caelum et terram: Im Anfang schuf Gott Himmel und Erde (Genesis 1.1) – die meisten Leser kennen den lateinischen Begriff und seine deutsche Übersetzung aus dem biblischen Schöpfungsmythos. Die Schöpfung und das Schöpferische beschäftigen die Menschen solange wir wissen; in ihren Schöpfungsmythen suchen sie danach, das Rätsel ihrer Existenz und des Kosmos zu begreifen.

Zentrales Merkmal der alten mythologischen Bilder wie auch der moderneren Vorstellungen von Schöpfungsakten: Aus einem anfänglichen Chaos entsteht ein geordneter Kosmos, aus dem Dunkel das Licht, Schöpfung und Zerstörung wechseln sich ab, das eine geht aus dem anderen hervor, vergeht wieder oder geht in eine neue Form über.

Ständige polare Bewegtheit und Veränderung ist eines der wichtigsten Kennzeichen alles Lebendigen. Anfang und Ende, Werden und Vergehen, Aufbau und Zerstörung, Geboren werden und Sterben, Aktivität und Passivität, Flexibilität und Stabilität, Loslassen und Festhalten, Trennen und Binden, sind – neben vielen anderen - fundamentale Polaritätspaare, zwischen denen sich das Leben ereignet.

Heraklit hatte als einer der frühen Philosophen der Antike den ewigen Widerstreit und Wandel der Gegensätze, die sich ineinander enthalten, vermischen und immer wieder neu trennen und ausdifferenzieren als Grundprinzip allen Seins aufgefasst.

Ihre umfassendste Ausprägung fand die Einsicht in den schöpferischen Prozesscharakter des Seins vielleicht im Taoismus. Aus der unaufhörlichen polaren Bewegung (Yin/Yang) des Tao und seinen fortwährenden Wandlungen entstehen die „zehntausend Dinge". Die Dinge und ihr Verlauf werden als sich selbst ordnend und sich selbst in ihrer Natur entfaltend und verwirklichend angesehen.

Das Schöpferische, anfänglich vor allem göttlichen und kosmischen Wirkkräften und -mächten und den Energien der Natur zugeschrieben, wurde im Laufe der Zeit auch in der Psyche des Menschen gesehen; der griechische Daimon sowie der lateinische Genius können als mythologisches Bild für die Verbindung zwischen schöpferischem Gott und schöpferischem Menschen aufgefasst werden.

Als göttlicher, im allgemeinen wohlwollender Einfluss auf den Menschen und sein Schicksal begleitete der Daimon den Menschen. Sokrates bezeichnete ihn als innere Stimme göttlicher Herkunft, die auch über den Logos hinausgehendes Erkennen möglich mache. Dieser inneren Stimme zu folgen über die menschlichen Gesetze hinaus, führte schließlich zur Anklage und zum Todesurteil gegen ihn.

In Rom wurde der Genius als Schutzgeist des Mannes aufgefasst, der über dessen Persönlichkeit und Zeugungskraft wachte und in schwierigen Lebenslagen Unterstützung in Form von Lösungsideen bieten konnte. Dargestellt wurde der Genius meist mit einer Opferschale und mit dem Füllhorn, öfter auch die Genien als geflügelte Wesen.

Der Daimon bzw. Genius wurde den besonders begabten, schaffenden, schöpferischen Menschen, Philosophen, Künstlern, Wissenschaftlern aller Kulturen zugeschrieben. In ihnen vereint sich vermutlich, dass sie zur unbewussten Psyche hin etwas offener sind als ihre Mitmenschen, dass sie zugleich imstande sind, ihren schöpferischen Fantasien Gestalt zu geben und sie soweit auf die Realität hin zu beziehen, dass sie dort nicht unbedingt sofort verstanden, aber doch zumindest einen gewissen Wert zugeschrieben bekommen.

Seit der Renaissance wurde der Genie-Begriff in Europa heftig diskutiert: Ein Mensch, der als Genie bezeichnet wurde, verfüge über ein angeborenes Talent, über Inspiration und vor allem: ein Genie bilde nicht nur nach, was die Natur schuf, sondern vollende in der Kunst, was die Natur nicht vollenden konnte. Andererseits wird seit Kant dem Genie zugeschrieben, dass es, selber Natur, der Kunst die Regel vorschreibe.

Für Goethe war in seiner Sturm- und Drangphase Prometheus Ausdruck des Genies, in seiner klassischen Zeit rückte wohl der Faust (des 2. Teils) an diese Stelle.

Die Romantiker sahen den Menschen im Naturzustand als Genie an, und es ging darum, diesen zu erhalten bzw. ihn zurückzugewinnen. W. v. Humboldt klassisches Bildungsideal kann aufgefasst werden als Aufruf, jedem Menschen Zugang zu seinem Genie zu ermöglichen und das Genie jedes Menschen durch Bildung zu fördern.

In der Psychologie des 20. Jahrhunderts wurde die Diskussion um Kreativität zu einem großen Teil in der Persönlichkeitspsychologie, in der Intelligenz- und in der Hochbegabtenforschung geführt.

Entgegen der Vorstellung, Kreativität bedürfe eines Genius, einer besonderen Intelligenz, ging J. P. Guilford, der sich im Rahmen seiner Intelligenzforschung auch mit Kreativität beschäftigte, davon aus, jeder Mensch sei kreativ, weil Kreativität eine Form zu denken sei.

Er unterschied konvergentes, d.h. sich einem konkreten, umrissenen Problem annäherndes Denken vom divergenten Denken, dem möglich ist, in viele Richtungen, also auch gegensätzlich bzw. polar zu denken. Unschwer ist in dieser Unterscheidung Guilfords die Polarität des gerichteten und ungerichteten bzw. des bewussten und des unbewussten Denkens, des logischen, zielgerichteten und des frei fließenden assoziativen Denkens zu erkennen, wie sie in der Tiefenpsychologie und der Humanistischen Psychologie beschrieben wird.

Kreativität, die sich beide Formen des Denkens zunutze macht, zeichnet sich dadurch aus, dass viele und originelle Ideen zu einer Sache hervorgebracht werden, die auch die gewohnten Wege und Regeln des Denkens verlassen können. Bereits Bekanntes kann in neue Zusammenhänge gesetzt werden. Zugleich besteht die Fähigkeit der Elaboration, d.h. neue Ideen können sinnvoll in die Realität eingefügt werden. A. F. Osborn hatte schon 1939 mit seinem Brainstorming diesen Weg zur Förderung von kreativen Leistungen gefunden.

Aktuell besteht in Wirtschaft, Technik, Politik und Öffentlichkeit scheinbar ein hoher Bedarf an Kreativität, oft als Innovationsdruck erlebt – Forschung und Entwicklung sollen die ersehnten Innovationen und den damit verbundenen Fortschritt und Wandel ermöglichen. Es ist, als hätte auch unsere Zeit eine Ahnung von Goethes *Gestaltung, Umgestaltung / Des ewigen Sinnes ewige Unterhaltung* oder vom Heraklitschen Gesetz der Enantiodromie.

Ein Zuviel an traditionellen und strukturierenden Kräften kann hemmend sein. Das kennen wir aus Lebensphasen, in denen unser Sicherheits- und Ordnungsbedürfnis spontane Lebensimpulse so unterdrückt hat, dass unser Leben nur noch in monotoner Routine verläuft.

Ebenso schädlich kann ein Zuwenig an Struktur und Grenze sein. Das ausgewogene Wechselspiel zwischen wachstumsnotwendiger Offenheit und einschränkender Strukturbildung ist nicht nur die entscheidende Grundlage für alle geistig-schöpferischen Vorgänge, sondern für das gesunde Funktionieren aller

editorial

lebendigen Systeme und Organisationsformen überhaupt.

Lange Zeit scheint das Schöpferische als das Hervorbringen großer spiritueller, philosophischer, künstlerischer und wissenschaftlicher Leistungen an Individuuen geknüpft gewesen zu sein, an Kulturheroen bzw. an Große Einzelne, um mit Neumann zu formulieren. Spätestens seit den barbarischen Anführern des 20. Jahrhunderts allerdings können wir nicht mehr so leicht in die begnadeten Genies und großen Einzelnen als Träger des Fortschritts projizieren.

Seit der Aufklärung, der Einführung der demokratischen Systeme und der Entdeckungen der Tiefenpsychologie wissen wir, dass wir Verantwortung für unseren je eigenen Daimon und dessen schöpferische Energie übernehmen müssen. Die unbewusste, ungeformte archetypische Energie der Psyche bedarf der bewussten Gestaltung durch jeden Einzelnen, um nicht den Einzelnen als Teil eines größeren Kollektivs mitzureißen und zu verschlingen, so könnte die Position der Analytischen Psychologie gegenüber dem Schöpferischen formuliert werden.

Die Psyche erschafft täglich die Wirklichkeit. Ich kann diese Tätigkeit mit keinem anderen Ausdruck als mit „Phantasie" bezeichnen. Die Phantasie ist ebenso sehr Gefühl wie Gedanke, sie ist ebenso intuitiv wie empfindend. Es gibt keine psychische Funktion, die in ihr nicht ununterscheidbar mit den anderen psychischen Funktionen zusammenhinge. Sie erscheint bald als uranfänglich, bald als letztes und kühnstes Produkt der Zusammenfassung alles Könnens. Die Phantasie erscheint mir daher als der deutlichste Ausdruck der spezifischen psychischen Aktivität. Sie ist vor allem die schöpferische Tätigkeit, aus der die Antworten auf alle beantwortbaren Fragen hervorgehen, sie ist die Mutter aller Möglichkeiten, in der auch, wie alle psychologischen Gegensätze, Innenwelt und Außenwelt lebendig verbunden sind.
Jung, GW 6, § 78

Jung und Neumann haben den Einbruch des Archetypischen und den schöpferischen Umgang damit eindrücklich in ihren theoretischen Schriften beschrieben: Krise, Not und Stillstand, Regression ins *Kinderland der Seele* (vgl. Jung GW 5) bzw. *Nachtmeerfahrt* (ebd.) und Gewinnung der *Transzendenten Funktion* (vgl. Jung GW 8); Kontaktaufnahme mit dem *matriarchalen Bewusstsein* aus einer erstarrten Bewusstseinshaltung heraus mit dem Ziel, eine neue, schöpferische Einstellung zu gewinnen und ein schöpferisches integrales Bewusstsein zu erreichen (vgl. Neumann, Ursprungsgeschichte des Bewusstseins).

Daraus ist eine Vielfalt von therapeutischen Arbeitsmöglichkeiten entstanden (Traumarbeit, Aktive Imagination, Malen, Arbeit mit Stein u.a. Materialien u.a. Formen des Gestaltens aus dem Unbewussten), die auch als Methoden zur Selbsterfahrung, Selbsterkenntnis und Individuation genutzt werden können.

Schon in den 30er Jahren war Jung sich offenbar – nicht zuletzt aufgrund seiner eigenen Erfahrungen – sicher:

Der schöpferische Weg ist der Beste, dem Unbewußten zu begegnen. Denken Sie sich z.B. eine Phantasie aus und gestalten Sie sie mit allen Ihnen zur Verfügung stehenden Kräften. Gestalten Sie sie, als wären Sie selber die Pantasie oder gehörten zu ihr, so wie Sie eine unentrinnbare Lebenssituation gestalten würden. Alle Schwierigkeiten, denen Sie in einer solchen Phantasie begegnen, sind symbolischer Ausdruck für Ihre psychischen Schwierigkeiten und in dem Maße, wie Sie sie in der Imagination meistern, überwinden Sie sie in Ihrer Psyche.
Jung, Briefe I, S. 146

Wir wünschen Ihnen Freude an und Mut zu *creare* und *crescere*.

Ihre

Anette und Lutz Müller

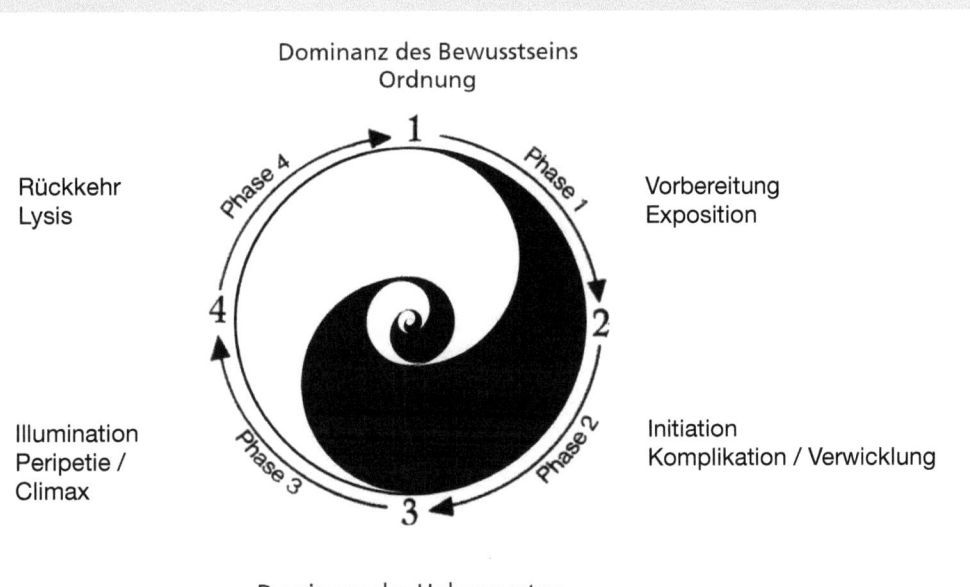

Dominanz des Bewusstseins
Ordnung

Phase 4

Phase 1

Rückkehr
Lysis

Vorbereitung
Exposition

Phase 3

Phase 2

Illumination
Peripetie /
Climax

Initiation
Komplikation / Verwicklung

Dominanz des Unbewussten
Chaos

Der schöpferische Wandlungszyklus (1)

Wolle die Wandlung. O sei für die Flamme begeistert,
drin sich ein Ding dir entzieht, das mit Verwandlungen prunkt;
jener entwerfende Geist, welcher das Irdische meistert,
liebt in dem Schwung der Figur nichts wie den wendenden Punkt. (R. M. Rilke)

Nach Auffassung der Analytischen Psychologie sind schöpferische Prozesse Ergebnis der energetischen Spannung von psychischen Polaritäten und deren fortwährender sich ausbalancierender Selbstregulation (Fließgleichgewicht). Diese schöpferische Wandlungsdynamik, die auch auf dem Zusammenspiel hochkomplexer bewusster und unbewusster Aktivitäten beruht, lässt sich anhand eines (Yin-Yang)-Kreismodells bildhaft darstellen, indem man im Uhrzeigersinn um den Kreis herumgeht. Dabei lassen sich vier zentrale Punkte und vier Phasen unterscheiden.

Diese Abfolge von Phasen entspricht weitgehend vielen natürlichen Wandlungsvorgängen, wie z. B. einer Schwangerschaft und Geburt, den Tages-, Jahres- oder Lebensphasen. Auch:

* dem Aufbau des klassischen Dramas
  (Ausgangssituation, Verwicklung-Höhepunkt, Lösung, Ausgestaltung der Lösung),
* der Abfolge von Initiationszeremonien bei Geheimgesellschaften und Naturvölkern
  (Vorbereitung, Tod, Neugeburt, Wiedereingliederung),
* den Phasen kreativer Prozesse
* und der dynamischen Struktur des mythologischen Motivs der Helden- und Nachtmeerfahrt, wie sie im psychologischen Bereich besonders von C. G. Jung, Erich Neumann und Joseph Campbell beschrieben wurde.

Auf den folgenden Seiten (8, 14, 22, 32, 46) werden verschiedene Beispiele dieses universalen Musters von Wandlungsprozessen dargestellt.

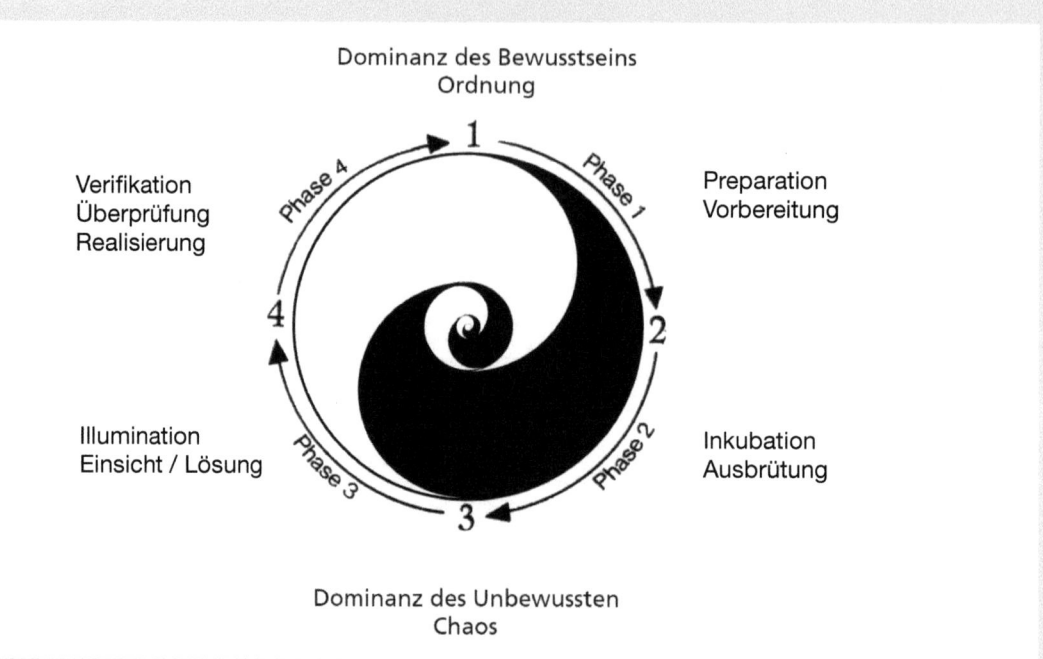

Dominanz des Bewusstseins
Ordnung

Verifikation
Überprüfung
Realisierung

Preparation
Vorbereitung

Phase 4   1   Phase 1

4   2

Illumination
Einsicht / Lösung

Inkubation
Ausbrütung

Phase 3   3   Phase 2

Dominanz des Unbewussten
Chaos

Kreativität

Der schöpferische Wandlungszyklus (2)

In der psychologischen Kreativitätsforschung wird ein 4-Phasen-Modell beschrieben, das auf Beobachtungen des deutschen Physiologen und Physikers Hermann von Helmholtz (1884) und des französischen Mathematikers Henri Poincaré (1908) zurückgeht. Graham Wallas hat diese Beobachtungen 1926 zu einer systematischen Theorie des kreativen Denkens zusammengefasst.

1. Preparation: Die Such- und Problemvorbereitungsphase: es wird die eigentliche Fragestellung herausgearbeitet, und man sammelt alle Informationen, die mit dem Problem in Zusammenhang stehen. Es ist die Phase, in der man sich emotional mit dem Problem identifiziert und auf der bewussten Ebene intensiv nach einer Lösung sucht.

2. Die Inkubations- bzw. Reifungsphase: Man ist innerlich unruhig, in Spannung, erlebt Stimmungsschwankungen, Gereiztheit und Desorientiertheit. Man geht mit dem Problem schwanger, ohne eine Lösung zu wissen. Die Unbewusstheit nimmt ständig zu, man tappt im Dunklen.

3. Illumination: Die Lösungs-, Einsichts- oder „Erleuchtungs"-phase: Hier erscheint plötzlich eine Lösung, ein „Aha"-Erlebnis – meist spontan, unvermutet, bei unerwarteter Gelegenheit und unscheinbarem Anlass –, und das Problem wird nun von einer ganz neuen Sicht her beleuchtet.

4. Verifikation: Die Bewertungs- und Realisierungsphase: Die gefundene Lösung wird auf ihre praktische Anwendung hin bewertet, überprüft, durchdacht, ausgearbeitet und in die Realität umgesetzt.

Kreativität heißt geboren werden, bevor man stirbt

Rainer Funk

In kaum einer Zeit wird so viel und gern von „Kreativität" gesprochen wie gegenwärtig. Dies ist nicht verwunderlich, gibt es doch immer weniger Vorgaben und Maßgaben, Beständiges, Verbindliches und Selbstverständliches. Alles wird de-konstruiert, de-kodiert und re-strukturiert, soll neu und anders sein als bisher. Ohne Kreativität und ohne eine Neukonstruktion der Wirklichkeit ist dies alles nicht zu meistern.

„Technische" und „menschliche" Kreativität

Dass Kreativität heute so hoch im Kurs steht, hat noch einen weiteren Grund. Mit der digitalen Revolution, den elektronischen Medien und der Vernetzungstechnik haben wir unsere technische Kreativität ungeheuer steigern können. „Technische Kreativität" bezeichnet dabei das schöpferische Vermögen, das von den vom Menschen geschaffenen Techniken, Maschinen, Medien und Programmen ausgeht. Ihre schöpferische Potenz ist heute auf weiten Strecken größer als alles, was der Mensch aus eigenen Kräften hervorbringen kann. Ein vernetztes I-Phone ist ein echter Alleskönner und ein gut programmierter Synthesizer schafft Klangwelten, die kein Orchester der Welt hervorbringen könnte.

In psychologischer Perspektive meinen wir mit „Kreativität" meist etwas anderes. Das Schöpferische soll dem Leben und vor allem dem menschlichen Leben vorbehalten sein. Wir weigern uns, leblosen Maschinen oder den Pinseln für das Malen von Aquarellen, einer Software oder dem Handy Kreativität zuzusprechen. Uns geht es um „menschliche

Bild: Juliana Coutinho (www.flickr.com)

Kreativität". Wir können uns nur schlecht damit abfinden, dass sich der Begriff der Kreativität derart gewandelt hat und alles, was etwas „kann", etwas Kreatives sein soll.

Dass nicht nur dem Menschen, sondern auch den Schöpfungen des Menschen eine kreative Potenz zueigen ist, wird man dennoch kaum bestreiten können. Es macht deshalb Sinn, zwischen „technischer" und „menschlicher" Kreativität zu unterscheiden, um diese beiden Erscheinungsweisen von Kreativität zu kennzeichnen. Beide Möglichkeiten, schöpferisch tätig zu sein, hat der Mensch schon immer genutzt, sei es, um sich das Leben einfacher zu machen, sei es, um Kultur zu schaffen.

In psychologischer Perspektive wichtiger als die Frage, ob eine Software kreativ ist oder nicht, ist die Klärung der Frage, welche Effekte die Nutzung technischer Kreativität bzw.

Erich Fromm (Foto: Müller-May)

der Gebrauch menschlicher Kreativität auf den Menschen hat. Genau hier sind die Erkenntnisse Erich Fromms zum Gebrauch menschlicher Kreativität erhellend.

Menschliche Kreativität und Eigenaktivität
Menschliche Kreativität zeichnet sich nach Fromm dadurch aus, dass es zu einer Eigenaktivität des Menschen kommt. Dies macht Fromm mit einem einfachen Beispiel anschaulich: Wenn ich ein gutes Buch lese, dann kann ich es so lesen, dass ich am Ende verstanden habe, was der Autor sagen wollte; vielleicht tausche ich mich darüber auch noch mit anderen aus oder nutze die mitgeteilten Ratschläge. Ich kann aber ein Buch, so Fromm,

... auch so lesen, daß ich nicht nur das, was der Autor sagt, in mich aufnehme, sondern daß dabei in mir selbst etwas zum Leben kommt, daß mir neue Gedanken kommen. Dann setze ich mich mit dem Buch tatsächlich auseinander und bin ein veränderter Mensch, wenn ich das Buch gelesen habe.
Fromm 1958d, S. 328

Fromm spricht hier von zwei Indikatoren: Menschliche Kreativität hat mit Eigenaktivität zu tun, und sie verändert den Menschen, zeigt also eine transformierende Wirkung. Die

Eigenaktivität kann spontan sein – also aus eigenem Antrieb entstehen – oder sie kann durch sogenannte „aktivierende Stimuli" induziert werden, wie im Fromm'schen Beispiel. Entscheidend ist, dass – um bei der Buchlektüre zu bleiben – die Eigenkraft, selbst denken zu können, aktiv ist und es zu einer Aktualisierung des eigenen Denkvermögens kommt.

Anders als bei einer Psychologie, die in Reiz-Reaktions-Mustern denkt und menschliche Aktivität ausschließlich als Reaktion auf einen Reiz begreift, sieht Fromm mit der Tiefenpsychologie solche selbsttätigen Eigenkräfte im Menschen am Werk, deren Besonderheit es ist, eine eigene Aktivität zu entwickeln. Fromm stellt sich diese Eigenkräfte als ein dem Menschen inhärentes Vermögen (Potenzial) vor, das sich von sich aus oder über aktivierende Stimuli zu aktualisieren trachtet und in Eigenaktivitäten in Erscheinung tritt. Eigenaktivitäten resultieren deshalb aus einer inneren Aktivität. (Eine neurobiologische Bestätigung dieser die Kreativität des Menschen auszeichnenden Aktivität der spezifisch menschlichen Eigenkräfte erkannte Fromm noch zu seinen Lebzeiten in den Forschungen zu den aktivierenden Stimuli; vgl. Fromm 1973a, S. 216 ff.)

Kreativität und spezifisch menschliche Eigenkräfte
Selbst zu denken, selbst zu fühlen, selbst zu urteilen und entscheiden zu wollen, selbst etwas fertig zu bringen, sich selbst bewegen zu können, etwas von innen heraus zu erleben, einen eigenen Geschmack zu haben, auf eigene Ideen zu kommen, sich selbst für etwas zu interessieren, eigene Fantasien zu entwickeln, aus eigenem Antrieb lieben zu können, selbst zu musizieren oder zu dichten, selbst

sein Leben in die Hand zu nehmen – all dies verdanken wir körperlichen, seelischen und geistig-intellektuellen Eigenkräften.

Alle Eigenkräfte zeichnen sich durch eine intrinsische Dynamik aus, sich entfalten zu wollen. Für Fromm ist diese primäre Neigung, die Eigenkräfte zu praktizieren und sie zu einem Optimum ihres Entwicklungspotenzials zu bringen, allem Lebendigen innewohnend. Er spricht deshalb von der primären Tendenz der körperlichen, emotionalen und kognitiven Fähigkeiten zu einer produktiven Orientierung (vgl. Fromm 1947a, S. 56 ff.).

Jeder Mensch zeigt von Natur aus die Tendenz, sein Leben immer mehr mithilfe seiner Eigenkräfte zu gestalten, statt auf fremde Kräfte angewiesen zu sein. „Produktiv" meint in diesem Zusammenhang nicht, dass dabei etwas herauskommt und produziert wird. Es geht vielmehr darum, dass der Mensch sein Denken, Fühlen und Handeln aus sich und seinen Eigenkräften „hervor-führt" (vom lateinischen „pro-ducere"). In seinem Spätwerk spricht Fromm auch von einer „biophilen" Orientierung, wenn der Mensch auf seine Eigenkräfte setzt (aus Liebe zum Lebendigen = Biophilie), oder von der Orientierung am „Sein", womit nichts anderes als die optimale Realisierung der Eigenkräfte und das Setzen auf Eigenaktivität gemeint ist (vgl. Fromm 1964a, S. 185 ff; Fromm 1976a, S. 332 ff.).

Beobachten lässt sich diese primäre Tendenz zur Aktualisierung der Eigenkräfte am eindrücklichsten bei Säuglingen und Kleinkindern, und zwar sowohl im Bereich der sinnlichen Wahrnehmung und Motorik, als auch bei der affektiv-emotionalen und geistig-intellektuellen Entwicklung und der damit einhergehenden Kommunikations- und Gestaltungsfähigkeit sowie der Fähigkeit zu einer differenzierten Bezogenheit auf die Wirklichkeit, auf andere und auf sich selbst. Hier bricht sich ein Leben Bahn, das aus den Eigenkräften schöpfen will und eine umfassende Eigenaktivität erstrebt. Allein diese Beobachtung lässt die primäre Tendenz zu einer produktiven Orientierung und Kreativität evident erscheinen.

Kreativität und Imaginationsfähigkeit

Die primäre Tendenz, aus Eigenkräften zu leben, ist allem Lebendigen inhärent, führt beim Menschen aber aufgrund seiner Fähigkeit, sich seiner selbst bewusst zu sein (reflektierende Denkfähigkeit) und sich Dinge vorstellen zu können (Imaginationsfähigkeit) zur Ausbildung besonderer geistig-intellektueller und affektiv-emotionaler Eigenkräfte. Gerade bei der Erörterung des Unterschieds von Mensch und Tier wird die Fähigkeit, sich Wirklichkeit unabhängig von sinnlicher Wahrnehmung vorstellen zu können, meist zu wenig berücksichtigt. Sie befähigt den Menschen, die naturalen, sozialen und historischen Vorgaben in seiner Vorstellung zu transzendieren und den Vorstellungen in der Herstellung von Kultur Ausdruck zu verleihen.

Die Imaginationsfähigkeit dient Fromm auch zur psychologischen Erklärung des für den Menschen typischen Drangs, die vorgegebene Wirklichkeit verändernd übersteigen zu wollen. Eben weil der Mensch sich angesichts der wahrgenommenen Wirklichkeit ganz andere Wirklichkeiten vorstellen kann, spürt er ein existenzielles Bedürfnis, einer solchen vorgestellten Wirklichkeit in Symbolen, Ritualen, Weltbildern, Religionen, Visionen, aber auch in Kunst, Theoriebildungen, wissenschaftlichen Forschungen und technischen Entwicklungen Ausdruck zu verleihen. Die „Schubkraft" jedes kreativen Tuns kommt aus diesem nur beim Menschen zu beobachtenden „Bedürfnis nach Transzendenz". (Vgl. das in Fromm 1955a, S. 30 f. und in Fromm 1973a, S. 212 ff. beschriebene „Bedürfnis nach Wirkmächtigkeit", das den Veränderungsaspekt des „Bedürfnisses nach Transzendenz" in den Vordergrund stellt.)

Wie stark das Bedürfnis nach Transzendenz nach Befriedigung drängt, zeigt sich nicht nur in der Kreativität des Menschen, sondern auch in der spezifisch menschlichen Destruktivität und Gewaltausübung. Wird der Mensch daran gehindert, die vorgegebene Wirklichkeit kreativ transzendieren zu können, so kann er dieses Bedürfnis auch dadurch befriedigen, dass er die vorgegebene Wirklichkeit zerstört und auf diese Weise transzendiert und ver-

das schöpferische

ändert. Bestätigt wird diese Sicht inzwischen durch zahlreiche empirische Untersuchungen über die Wurzeln von Gewaltausübung. Eine besonders starke Wurzel ist das Gefühl vieler Gewalttätigen, ohnmächtig gemacht zu werden oder zu sein und nichts verändern und gestalten zu können.

Kreativität als Praxis der Eigenaktivitäten

Kreativität ist die für das Gelingen des Menschen und des menschlichen Zusammenlebens förderliche Befriedigung des Bedürfnisses nach Transzendenz. Sie manifestiert sich beim Menschen in dem primären Wunsch, aus Eigenkräften leben zu wollen und kreativ zu sein. So stark das Streben nach Kreativität durch das Bedürfnis nach Transzendenz angetrieben wird, so benötigt es doch für seine Verankerung in psychischen Antriebsstruktu-

ren (Fromm spricht von „Charakterorientierungen"; neurobiologisch würde man von starken Synapsenbildungen und stabilen Vernetzungen mit den Emotionszentren sprechen) eine fördernde Verstärkung durch die Umwelt.

Die spezifisch menschlichen Eigenkräfte müssen – verstärkt in der Kindheit, aber auch während des gesamten Lebens – von der Umwelt gewollt, anerkannt und gefördert werden. Eine Umwelt, die nur auf Zweckrationalität, Wettbewerb und Leistung aus ist, ermutigt nicht gerade dazu, etwas „Unverzwecktes" zu tun, das chancenlos und überhaupt völlig unnütz ist, wie dies bei vielen rein musischen Aktivitäten der Fall ist.

Noch wichtiger ist, dass die Umwelt die Eigenaktivitäten nicht behindert oder gar vereitelt. Wer in der Schule nur die Erfahrung macht, dass das eigene Denken meist das Nachsehen hat gegenüber dem, was andere schon gedacht haben, wird nur entmutigt, sich noch selbst Gedanken zu machen. Er wird vielleicht ein guter Lernschüler, der alles gut memoriert. Aber er hat aufgehört, sich noch eigene Gedanken zu machen.

Neben der faktischen Behinderung, selbst zu denken, eigene Interessen zu haben oder eigene Fantasien zu entwickeln, gibt es ein breites Spektrum von gewollten Behinderungen, vor allem, wenn es um emotionale Eigenkräfte geht. Wer immer nur liebenswürdig und freundlich sein muss, angehalten wird, sich selbst und die Kinder oder den Kunden nur großartig zu finden und wer auf „keep smiling" und Wertschätzung getrimmt ist, wird daran gehindert, alle eigenen Gefühle, die mit Unbehagen, Minderwertigkeit, Kritik, Entwertung, Tadel, Enttäuschung zu tun haben, noch als eigene Gefühlsaktivitäten zu spüren; er muss

Ulla Lohmann rekonstruierte im Alter von 18 Jahren bei Jugend forscht das Skelett des Lurchs Sclerocephalus Haeuseri. Mit dem gewonnenen Preisgeld beim Bundessieg im Jahr 1996 finanzierte sie sich eine Weltreise und fand so zum Journalismus. Sie studierte Geographie und Journalismus und hat einen Abschluss in Umweltmanagement und Fotojournalismus. Ihr Spezialgebiet sind Vulkane und indigene Völker. Sie arbeitete u. a. mit GEO, National Geographic, Stern View, ARD, ZDF, BBC und Red Bull Media House zusammen. Sie spricht Deutsch, Französisch, Englisch, Papua Neu Guinea Pidgin, Solomon Island Pidgin, Vanuatu Bislama. (www.wikipedia.org)

sie ausblenden und einem illusionären Leben den Vorzug geben.

Es gibt noch eine Steigerung: Wenn ein Mensch systematisch daran gehindert wird, grundlegende Eigenkräfte zu vollziehen – wenn ihm jedes Wort, das er sagt, jeder Ausdruck eines eigenen Willens und jedes Streben nach Autonomie vereitelt wird – dann kommt es zu einem Umschlagen der Kreativität in Destruktivität und zu einer Feindseligkeit gegenüber allem Lebendigen (vgl. das Konzept der „Nekrophilie" in Fromm 1964a, 179 ff.).

Die Entwicklung und Nutzung der produktiven Eigenkräfte hängt nach Fromm aber nicht nur von der sozialen Umwelt ab. Dass spezifisch menschliche Eigenkräfte zur Verfügung stehen, hängt immer auch von der Praxis dieser Eigenaktivitäten ab. Die Fähigkeit, aus eigenem Antrieb einem anderen Menschen zu vertrauen, hängt davon ab, dass sich jemand darin übt, anderen Menschen Vertrauen entgegenzubringen. In dieser Hinsicht unterliegen die geistig-intellektuellen und emotionalen Eigenkräfte der gleichen Logik wie die körperlichen Eigenkräfte: Wer die körperliche Eigenaktivität, sich zu bewegen, nicht übt, verliert sie, was jeder, der den Arm oder das Bein in Gips hatte, leidvoll erfährt. Nur die Praxis der Eigenkräfte garantiert ihr Vorhandensein und befähigt zu kreativen Eigenaktivitäten.

Kreativität und lebenslanges Geborenwerden

Kehren wir von hier aus noch einmal zur Frage zurück, welche Wirkung die Nutzung technischer und die Praxis menschlicher Kreativität auf den Menschen hat. Dass die Nutzung technischer Kreativität eine den Menschen verändernde Wirkung hat, kann nicht bestritten werden. Die Veränderungen bestehen jedoch darin, dass die Kreativität und Aktivität außerhalb von ihm angesiedelt ist und dass diese ausgesiedelte oder geborgte Aktivität und Kreativität von sich aus den Menschen nicht kreativer macht und zu mehr Eigenaktivität anhält. Die Nutzung technischer Kreativität führt deshalb immer die Gefahr der Vernachlässigung („Deaktivierung") der menschlichen Eigenkräfte im Gepäck.

Im Unterschied hierzu geht mit menschlicher Kreativität immer einher, dass spezifisch menschliche Eigenaktivitäten praktiziert werden, durch die es zur Veränderung des Menschen kommt. Die Veränderungen bestehen darin, dass ihm weitere menschliche Fähigkeiten zuwachsen, die ihn immer mehr aus eigenen Kräften auf die Wirklichkeit, auf andere Menschen und auf sich selbst bezogen sein lassen. Kreativ zu sein, ist deshalb ein lebenslanger Wachstums- und Geburtsprozess. Oder, wie Fromm sagt: *Kreativität heißt, geboren werden, bevor man stirbt.* (Fromm 1959c, S. 406)

Literatur
Die Verweise auf Erich Fromm beziehen sich auf die Erich Fromm Gesamtausgabe in zwölf Bänden (GA), hrsg. von Rainer Funk, München (Deutsche Verlags-Anstalt und Deutscher Taschenbuch Verlag) 1999.
Fromm, E. (1947a): Psychoanalyse und Ethik. GA II, S. 1-157
Fromm, E. (1955a): Wege aus einer kranken Gesellschaft. GA IV, S. 1-254
Fromm, E. (1958d): Die moralische Verantwortung des modernen Menschen. GA IX, S. 319-330
Fromm, E. (1959c): Der kreative Mensch. GA IX, S. 399-407
Fromm, E. (1964a): Die Seele des Menschen. Ihre Fähigkeit zum Guten und zum Bösen. GA II, S. 159-268
Fromm, E. (1973a): Anatomie der menschlichen Destruktivität, GA VII
Fromm, E. (1976a): Haben oder Sein. Die seelischen Grundlagen einer neuen Gesellschaft. GA II, S. 269-414

Dr. Rainer Funk
geb. 1943, Psychoanalytiker, Tübingen, Nachlassverwalter von Erich Fromm. Sein besonderes Interesse gilt der Psychoanalyse der gegenwärtigen Gesellschaft (vgl. die Buchpublikationen *Ich und Wir. Psychoanalyse des postmodernen Menschen* (2005) und *Der entgrenzte Mensch* (2011).

das schöpferische

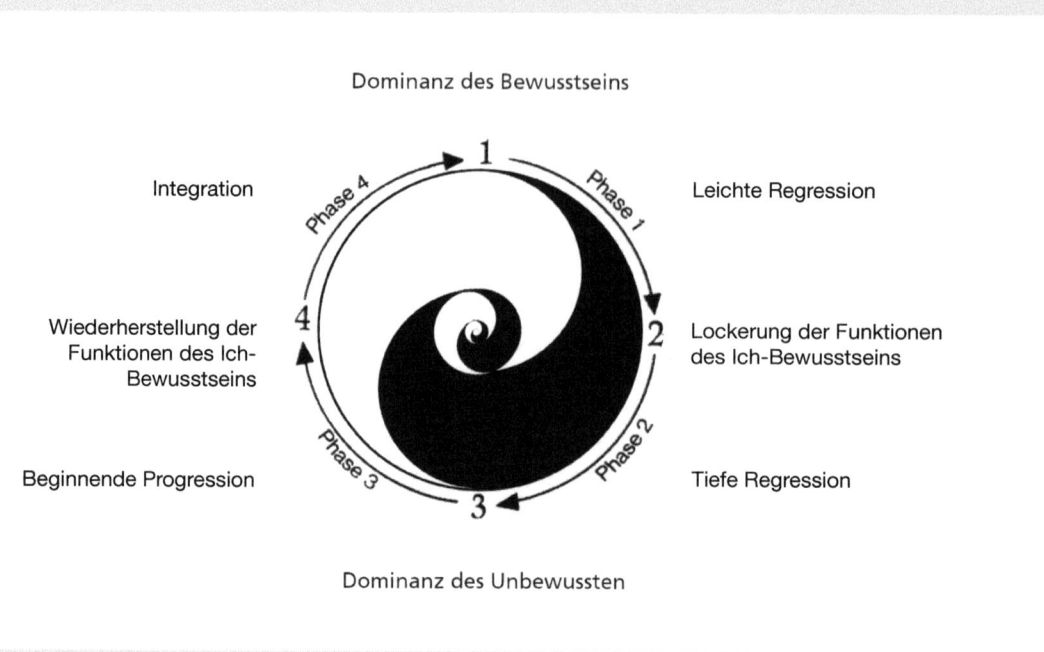

Dominanz des Bewusstseins

Integration — Phase 4 — Phase 1 — Leichte Regression

Wiederherstellung der Funktionen des Ich-Bewusstseins — Lockerung der Funktionen des Ich-Bewusstseins

Beginnende Progression — Phase 3 — Phase 2 — Tiefe Regression

Dominanz des Unbewussten

Psychotherapie

Der schöpferische Wandlungszyklus (3)

Der psychotherapeutische Prozess – wenn er unbewusste kreative Dynamiken, wie Traum- und Symbolarbeit, Imaginationen und kreative Gestaltungsformen mit einbezieht – lässt sich idealtypisch auch mit dem uns bereits vertrauten Wandlungszyklus in Verbindung bringen.

1. In der Phase 1, die den Beginn des regressiven Vorgangs darstellt und von Punkt 1 zu Punkt 2 verläuft, lässt sich das Ich-Bewusstsein zunehmend auf seine Assoziationen ein, behält aber noch weitgehend seine Kontroll- und Lenkungsfunktion, indem es den Grad der Regressionstiefe, die Art und die Form der aufsteigenden Inhalte steuert. Es ist die Regressionstiefe, mit der in den verschiedenen tiefenpsychologischen Therapieformen durchschnittlich gearbeitet wird (zum Beispiel bei der freien Assoziation oder bei der Traumbearbeitung) und die für das Ich am wenigsten bedrohlich ist.
2. Phase 2 ist die Phase tieferer bis tiefster Regression, in der das Ich-Bewusstsein zwar seine Wahrnehmungs- und Beobachtungsfunktion aufrechterhält, die psychischen Inhalte aber relativ autonom erscheinen können. Das ist die Ebene, auf der sich unsere Träume oder sehr tiefe Imaginationen abspielen und frühkindliche und transpersonale Erfahrungen gemacht werden.
3. Punkt 3 bezeichnet den Ort maximaler Regression und minimaler Steuerung, gleichzeitig aber auch den Wendepunkt, an dem sich die Regression allmählich in die Progression wandelt. In Phase 3 beginnt das Ich-Bewusstsein wieder „aufzutauchen", das heißt, die „höheren" Ich-Bewusstseins-Funktionen sichten, ordnen und reflektieren das Erlebte.
4. Punkt 4 wiederum deutet an, dass das durch den regressiven Introversionsvorgang mit Erfahrungen und Einsichten bereicherte Ich-Bewusstsein wieder dominant wird, seine Lenkungs- und Steuerungsfunktion wieder übernimmt und die bewusst gewordenen Inhalte in das Leben integriert. Phase 4 bezeichnet diesen Integrationsvorgang.

Kreativität in der Psychotherapie

Thomas Schwind

Kreativität ist ein Wort, ein Begriff, der uns in unserer (post)modernen Welt geradezu um die Ohren fliegt. Wer etwas werden will, wer etwas sein will, wer die Aufmerksamkeit von Medien erheischen will, muss natürlich kreativ (und natürlich auch innovativ) sein.

Der Kreativitätsforscher Karl Heinz Brodbeck definiert Kreativität wie folgt:

Das Wort „Kreativität' stammt aus der Theologie und bezeichnet ursprünglich den Creator (Schöpfergott). Der Creator wird als ein Subjekt gedacht, das aus Nichts etwas Neues erschafft. Die theologische Tradition spricht dem Menschen diese Fähigkeit der creatio ex nihilo ab. Im 17. Jahrhundert wurde der Begriff des Schöpferischen dann auf herausragende Menschen, die „Genies", übertragen. Der Begriffsinhalt blieb hierbei diffus. Spätere Versuche, den Begriff der Kreativität zu spezifizieren, lassen sich anhand von vier Aspekten umreißen (...): (1) Produkt, (2) Prozess, (3) Person und (4) Situation.
Ferner lässt sich der Kreativitätsbegriff noch hinsichtlich einer Innenperspektive (Erleben) und einer Außenperspektive (Verhalten) aufteilen.
Die kreative Situation wiederum kann unterschiedlich aufgefasst werden: individuell, als Gruppe, systemtheoretisch oder als sozialer Prozess. Je nach Wahl des Ausgangspunktes ergibt sich ein anderer Begriff der Kreativität"

Brodbeck 2006, S. 249

Entscheidend bei der Frage, was Kreativität sei, ist die Verbindung von Neuheit und Bewertung der Neuheit. Brodbeck zieht den Schluss, dass man den Begriff der Kreativität nicht bruchlos objektivieren könne; er enthalte stets ein ethisches oder Wertelement.

Man kann Kreativität deshalb nur dann definieren, wenn man die Wertdimension ausdrücklich mit aufnimmt. Zudem, das hat sich in der Kreativitätsforschung schrittweise herauskristallisiert, lässt sich das Feld, die Domäne der Kreativität nicht sinnvoll einschränken. Prinzipiell sind kreative Leistungen und Produkte bei allen menschlichen Handlungen zu entdecken. Um diesem Sachverhalt gerecht zu werden, ist die kreative Situation ins Zentrum der Aufmerksamkeit gerückt. Ein Modell der kreativen Situation lässt sich aus fünf Elementen aufbauen: 1) Äußeren Produkten, 2) Emotionen, 3) Wahrnehmung, 4) Bewegungsmuster und 5) Denkprozesse.

Brodbeck, ebd.

Damit ist gesagt, dass auch emotionale Prozesse (emotionale Intelligenz), eine veränderte Wahrnehmung oder veränderte Bewegungsmuster (des Körpers, z. B. in der Konzentrativen Bewegungstherapie und Tanztherapie, des Denkens, des Fühlens, der sozialen Interaktion usw.) zur Domäne der Kreativität zu zählen sind, nicht nur objektivierbare Produkte oder fixierbare Denkprozesse.

Aus dieser situativen Perspektive ergibt sich dann auch eine Definition der Kreativität: Man kann mit „kreativ" alle Formen menschlicher Aktivität bezeichnen, die neu und wertvoll sind.

Brodbeck, ebd.

Neuheiten, die aus einer Wertschätzung herausfallen, sind keine kreativen Leistungen, sondern nur zufällige Änderungen. Wert können andererseits Dinge oder Handlungen auch dann haben, wenn sie als Wiederholung und

Routine charakterisierbar sind. Erst beide Teilbegriffe zusammengenommen umfassen also das, was man als „kreativ" bezeichnen kann. Der Kreativitätsbegriff bildet die Schnittmenge aus den Begriffen Neuheit und Wert.

Die Unterscheidung von neu und alt ist hierbei allerdings nicht starr, sondern selbst ein situativer und sozialer Prozess der permanenten Neudefinition und Interpretation.

Zweifellos ist der therapeutische Prozess, situativ, sozial, geistig ein Feld, in dem es um die Gleichzeitigkeit von Neuem und Werthaltigkeit geht. Ganz wichtig scheint zu sein, dass therapeutische Prozesse nicht vorhersehbar sind. Künftig Neues in einer Therapie vorherzusagen, würde ohnehin bedeuten, dass das Neue nicht mehr neu ist. Kreatives Denken ist vielmehr ein Denken außerhalb von Regeln. Dieses vollzieht sich oftmals nicht als gewollter Akt, sondern als das Zulassen von aufsteigenden Ideen oder Änderungen der Wahrnehmung.

Die Alltagssprache hilft manchmal sehr direkt: Man kann wohl sagen, einem komme eine Idee, die man dann auch haben kann. Doch niemand wird sagen: Ich mache eine Idee.

Therapeutische Prozesse sind ohne Kreativität gar nicht denkbar. In jedem Menschen, erst recht aber in dem psychisch erkrankten Menschen, liegen schöpferische, kreative Energien verborgen, die der Patient ja gerade durch dieses Verfahren, genannt Psychotherapie, zu erschließen sucht.
Kein Patient käme ja zu uns, wenn er nicht vermuten würde, dass in ihm noch andere Energien, andere Möglichkeiten schlummern würden, als die, die er gegenwärtig lebt.

Der erste schöpferische Impuls, der erste kreative Akt im Rahmen einer Psychotherapie ist dann also ein Akt, den wir nur selten beobachten und beachten, nämlich dass der Patient eine Idee, eine Intuition, einen Wunsch und einen Glauben daran hat, dass er auch anders kann, als er jetzt gerade aufgrund seiner Krankheit kann.

Wenn wir Psychotherapie als einen kreativen Prozess, etwa nach dem Vier-Phasen-Modell von Wallas (vgl. S. 8), betrachten, dann beginnt dieser kreative Prozess in dem Patienten bereits vor Beginn der Psychotherapie, denn der Patient entdeckt ja bei sich als erstes Probleme, und diese Probleme lösen Denkakte aus. Im Individuum kommt es zu widersprüchlichen, ambivalenten Tendenzen, die das Gleichgewicht stören.

In einem zweiten Schritt kommt es zur sogenannten Inkubationsphase: Hier wird das Problem zunächst „ad acta" gelegt; es entsteht eine Zeit der Ratlosigkeit, in welcher scheinbar kein Weg zum Ziel führt. Das Problem, die Ängste, die Störungen, die Überlegungen zur eigenen Situation gären im Unbewussten.

In einer dritten Phase eines kreativen Prozesses kommt es dann zur Illuminationsphase: Es kommt zum Finden einer Lösung des Problems, oft ganz plötzlich und überraschend, oft in den merkwürdigsten Situationen. Nach dieser von heftigen Gefühlen begleiteten Illuminationsphase wird nun die kreative Idee, das kreative Produkt, der kreative Gedanke kritisch beurteilt, bewertet und oft in langwieriger Arbeit revidiert und reorganisiert.

Ich möchte weiter behaupten, dass Kreativität omnipräsent ist. Schöpferische Energien können nur mit großem Aufwand unterdrückt werden. Schöpferisches Verhalten, kreatives Handeln ist ein allgemeinmenschliches Phänomen, das in der Subjektivität jedes Menschen begründet liegt: Jeder Mensch gestaltet. Jeder Mensch gestaltet sich, seinen Lebensprozess, seine Individuation. Jeder Mensch ist für sich ein vollständig neuer Mensch, es gibt nicht zwei vollständig gleiche Menschen und in jedem Lebensvollzug ist immer auch ein Neues, ein sich neu ergebendes Sein des Menschen vorhanden.

Kreativität, sagt der Philosoph Günter Abel (2005), hat damit zu tun, Neues in die Welt zu bringen, und zwar nicht einfach bloß etwas beliebig Neuartiges. Das kreativ Neue ist stets das sachlich aufschlussreiche und das positiv bewertete Neue, das es vorher noch nicht gab. Ist das nicht zentral unsere Aufgabe als Psychotherapeuten? Ein neues Denken, ein neues Fühlen, ein neues Fantasieren und Imaginieren, ein neues Sprechen dem Patienten über

Foto: Archiv des Autors. Die Wüste ist für viele Menschen nicht unbedingt ein Symbol der Kreativität, Lebendigkeit und Fülle. Und doch - wie um das Polaritätsprinzip zu bestätigen - suchen viele schöpferische Menschen solche Orte des Rückzugs, der Stille, der Einsamkeit, der Kargheit auf. Die Entbehrung äußerer Reize scheint die innere Welt der Psyche zu befruchten und zu verlebendigen. So kann der Forschungsreisende Ibn Battuta (1407) sagen: *Beim Betreten bist du verloren, beim Verlassen wiedergeboren.*

sich und seine innere psychische Situation zu ermöglichen?

Individuation, Persönlichkeitsentwicklung, Selbstbewusstwerden bedeuten ja auch immer: ein Einzelwesen werden, eine Herauslösung aus dem Allgemeinen, aus der Kollektivpsyche ermöglichen, eine Individualität im Sinne von Einmaligkeit zu gestalten, eine Selbstwerdung und Bewusstwerdung meines eigenes Seins und meines eigenen Lebenssinns zu fördern, eines Seins, das dem meiner Mitmenschen eben nicht gleicht, sondern auf neue, bedeutsame Weise sich unterscheidet.

An einem einfachen Beispiel wird das deutlich: Es gibt im menschlichen psychischen Leben keinen geträumten Traum, der von mir und einem Anderen geträumt werden könnte, jeder Traum ist etwas ganz und gar Neues, Einzigartiges, je Eigenes und, so meine ich, etwas bedeutsam Kreatives, Schöpferisches.

Von einem kreativen Menschen erwarten wir, dass er über eine ausgeprägte Vorstellungskraft verfügt, dass er flexibel und geschickt im Finden von Problem-Lösungen ist, dass er unabhängige Urteile fällen kann, dass er mit Neuartigem gut zurechtkommt, dass er gern neue Strukturen aufbaut, dass er sich einlässt auf die Überflutung durch Reize und Ideen, ohne dabei die Ordnung im Chaos zu verlieren, dass er nach dem Warum, Wieso, Weshalb und Wozu der Dinge fragt und dass er bisherige Annahmen und Normen hinterfragt. Das erwarten wir auch von kreativen Psychotherapeuten und Psychotherapeutinnen.

Kreative Psychotherapeuten lassen in der Regel die Überfülle der auf sie einprasselnden Reize vergleichsweise ungefiltert an sich heran, riskieren dabei, in dieser Flut von Informationen, Erzählungen und Fantasien ihrer Patienten zu diffundieren. Zugleich aber gelingt es ihnen, hoffentlich meistens, dieses Chaos produktiv zu nutzen, in Gestalten, in Zusammenhänge zu überführen.

Der schon erwähnte Philosoph Günter Abel formulierte auf dem 20. Deutschen Kongress für Philosophie 2005 zum Thema Kreativität Annahmen, was ein kreativer Mensch tun sollte, um seine Kreativität zur Geltung zu bringen. Einige Aspekte seien hier zusammengefasst:

- Mut haben, Neues auszuprobieren;
- multidimensional assoziieren;
- der Lust am Experimentieren freien Lauf geben;
- dem Drang nachgeben, über Bekanntes hinauszugehen;
- Metaphern bilden und diese aus einem in einen anderen Bereich übertragen;
- der Intuition vertrauen;
- sich freigeben für Gedankenexperimente;
- gegebene Muster durchbrechen;
- kognitiven Perspektivenwechsel praktizieren;
- bislang unverbundene Elemente zusammenbringen;
- weniger disziplinen-, sondern entschieden problemorientiert denken;
- den Bezugsrahmen wechseln;
- sich aus dem Würgegriff ausgereizter sprachlicher, gedanklicher und anderer Bilder, auch überkommener Weltbilder lösen;
- nicht darauf warten, dass einen die Muse küsst, sondern versuchen, sie zu animieren;
- Energien mobilisieren, um Geistesblitze anschließend auszubuchstabieren.

Ein ziemlich anspruchsvolles Programm und sicher ein Programm, in dem Therapiemanuale kontraproduktiv und Kunstfehler wären. Sicher auch ein Programm, das in der alltäglichen Praxis von Psychotherapeuten häufig umgesetzt wird.

Kreativität ist also ein Transformationsphänomen, welches das Denken auf eine andere logische Ebene führen soll und kategoriale Grenzen kollabieren lässt. Kreatives Denken muss sich an den Rändern des Neuen, des Überschießenden und Experimentellen befinden. Alles andere ist, so der Philosoph und Ruderolympiasieger Hans Lenk, dogmatische, mit dem Zeigefinger des Besserwissers daherkommende Schulmeisterei. Und Brodbeck meint dazu:

Das kreative Erleben ist also ein Prozess der Bewusstwerdung: Wir beachten das Neue, das hervortritt, befreit von den unreflektierten Schranken gewohnter Normen. Nicht nur ein Flow (...), auch alltägliche kreative Prozesse sind durch eine hohe Achtsamkeit charakterisiert.

Brodbeck 2006, S. 279

Die Achtsamkeit, in ihrer konzentrierten Form zur Aufmerksamkeit gesteigert, ist im Prozess des Erlebens jener Aspekt, an dem sich Bedeutungen entzünden. Die Achtsamkeit kann sich in bloßer Beobachtung oder in konzentriertem, rationalem Denken äußern; beide Modalitäten sind ihr eigentümlich. Sie ist kein passiver „Filter" für äußere Informationen, wie im Speichermodell der kognitiven Psychologie behauptet wird, sondern sie erscheint vielmehr als „Erleben eines Aktivitätsgrades" (vgl. H. Rohracher, 1971).

Sie gibt dem Neuen nach innen (hin zum Unbewussten) und außen (in der Wahrnehmung) ebenso Raum, wie sie sich in kritisch wertender Rationalität zur konzentrierten Aufmerksamkeit steigert. Das Bewusstsein, genauer die Achtsamkeit ist somit im kreativen Prozess das Zentrum, das sowohl das Neue einräumt wie kritisch-wertende Urteile anschließt:

Das Bekannte wird neu durch unerwartete Bezüge und erregt, mit neuen Gegenständen verknüpft, Aufmerksamkeit, Nachdenken und Urteil." (...). Man kann diese Bewegung also in zwei Phasen beschreiben: (1) als Öffnung, als Ausweitung der Achtsamkeit, die Neues zulässt; (2) als anschließende Verengung zu konzentrierter Auf-

merksamkeit, die – kritisch denkend und urteilend – auswählt. Zulassen von Neuem und kritische Wertung erscheinen als Phasen der pulsierend-kreativen Bewegung der Achtsamkeit.

Brodbeck 2006, S. 279

Eine so verstandene Kreativität verzichtet freiwillig auf Objektivität, die ohnehin nur Sicherheit durch Kontrolle anstrebt, sondern sie vertraut auf Subjektivität trotz Unsicherheit, sie vertraut auf die Gestaltungskraft der Einzelnen in therapeutischen Bündnissen.

Kreativität heißt zu Deutsch auch: Schöpfertum. Das ist natürlich dann auch schon ein Begriff, der uns in unwägbares, vorwissenschaftliches Verstehen entführt. Denn wenn ich von Schöpfertum spreche, spreche ich – ich habe es oben schon erwähnt – auch von einem Schöpfer und einem Geschöpf.

Wir stoßen hier in religiöse Gefilde, zumindest aber geraten wir aus evidenzbasierten, rationalitätsgeschwängerten Erkenntniswegen hinaus. Dieser Seitenblick zur Religion kommt deshalb zustande, weil der Beginn der Welt als ein schöpferischer, kreativer Akt, sei es nun durch einen Demiurgen oder durch den Pantocrator, d. i. Christus als Weltenschöpfer, beschrieben wird.

Das Schöpferische stößt eben immer an den Uranfang aller Dinge, an das Chaos, aus dem das Neue auf unerklärliche Weise hervorgeht. Würde das Neue auf erklärliche Weise hervorkommen, wäre es lediglich eine Kombination von Altem und Bekanntem, also eben keine Neuschöpfung. Das Merkmal des Neuen ist ein unabdingbares Merkmal des Schöpferischen und des Kreativen.

Der Ursprungsort der Kreativität bleibt dabei auch in einem säkularisierten Denken ein dunkles Geheimnis. Die Nichterkenntnis der Quelle alles Schöpferischen erhält in der Psychologie nur einen negativen Namen: exogene Faktoren, suprabewusster, unerkennbarer Mechanismus, Black Box, Bewusstlosigkeit der Handelnden, oder eben das Unbewusste und neuerdings neuromythologische Erzählungen.

Die Kreativität als Ars Inveniendi, als die Kunst des Erfindens, wie Cicero sie von der Ars Iudicandi, der Kunst des Urteilens abgegrenzt hat, lässt sich zwar auch in den modernen Wissenschaften und in jeder Neues bewirkenden Psychotherapie als Denkform erkennen. Ihre eigentlich positive Ausgestaltung ist aber auch hier unterblieben. Das Neue, Herzstück der Kreativität, bleibt jedem wissenschaftlich-empirischem Zugriff ein Stück weit entzogen.

Es ließe sich hier noch viel zur psychologischen Kreativitätsforschung sagen, deren Ursprung in einem Vortrag von Joy Paul Guilford im Jahr 1950 mit dem Titel „Creativity" liegt. Dieser Vortrag vor der APA gilt als eigentlicher Startschuss der modernen psychologischen Kreativitätsforschung.

Bei all den nachfolgenden Theorien, Konzepten und Untersuchungen der Intelligenz- und Kreativitätsforschung zeigte sich aber durchgehend die Schwierigkeit, das Eigentümliche der Kreativität, ihre Unvorhersehbarkeit, zu erfassen.

Ein schönes Beispiel für diese scheiternde Kreativitätsforschung liefert der Intelligenz- und Kreativitätsforscher Robert Weisberg, der die Entdeckung der Doppelhelix der DNA durch James Watson und Francis Krick als Beispiel und Beleg für rationale, schrittweise und erklärbare kreative kognitive Prozesse hernahm. Es bedürfe bei der Entdeckung von Neuem keineswegs der romantischen Vorstellung von einem Forscher, der einsam in seinem Labor sitze und eine plötzliche Erleuchtung habe. Inzwischen hat sich aber nach dem Tod von Francis Crick herausgestellt, dass Crick seine Entdeckungen unter dem Einfluss von LSD gemacht hat: in Form einer plötzlichen Erleuchtung.

Auch Milton H. Erickson der ja vielleicht zu den ideenreichsten und schöpferischsten Psychotherapeuten gehörte, betont, dass Kreativität etwas ist, das durch die Störung des rationalen und des Gewohnten geschieht. Er sagt:

Der schöpferische Augenblick ist somit eine Lücke in den gewohnten Bewusstseinsabläufen. Das Neue, das in schöpferischen Augenblicken entsteht, ist somit die Grundeinheit des originalen Denkens und der Einsicht sowie der Persönlichkeitsveränderung. […]

Der Zusammenhang zwischen psychischem Schock und schöpferischen Augenblicken liegt auf der Hand: Ein „psychischer Schock" zerreißt die gewohnten Assoziationen eines Menschen, sodass etwas Neues erscheinen kann.

Erikson 1981, S. 20

Die gewohnten Assoziationen zerreißen, damit Neues entstehen kann, dies kritisiert auch die psychoanalytische Grundregel des freien Assoziierens, welches sich endlos über 1000 Sitzungen ergehen kann, ohne jemals zu zerreißen und also ohne jemals etwas Neues hervorzubringen.

Für das Zerreißen des Gewohnten als Voraussetzung für das Entstehen von neuen kreativen Gedanken, Gefühlen und Wahrnehmungen muss ein entsprechender Raum, ein entsprechender zwischenmenschlich geprägter Raum in der therapeutischen Beziehung zur Verfügung gestellt sein – auch dieser ist das Ergebnis kreativer zwischenmenschlicher Beziehungsgestaltung, denn ohne Zweifel verlangt jeder individuelle Patient auch eine individuelle Ansprache, Annahme und Aufnahme. In diesem Therapieraum als Möglichkeitsraum, wie es Donald Winnicott genannt hat, spielen wiederum zwei Vorgänge eine zentrale kreativitätsfördernde Rolle: die Bedeutung des Erzählens, darin die Bedeutung der sprachlichen Metaphern, und die Bedeutung der Imaginationen als Raum, in dem aufschlussreiches und wertvolles Neues entstehen kann.

Mit dem Erzählen fängt jede Therapie an: Der Patient erzählt von seinem Leid, von seinem Unvermögen, von seiner Not, von den sich ständig wiederholenden maladaptiven Mustern seines dysfunktionalen Verhaltens. Die erste kreative Leistung des Therapeuten besteht dann darin, diese Erzählung mit dem sogenannten dritten Ohr zu hören: auch das Hören, was nicht erzählt wird. Es verbirgt sich in dem Erzählten.

Dabei spielt nun das Imaginieren eine besondere Rolle – ich meine damit zunächst einmal nicht das Imaginieren, das der Patient mithilfe irgendwelcher Imaginationstechniken, durch uns angeleitet, vollbringt, sondern das Imaginieren, das im Therapeuten selbst geschieht, wenn er empathisch an der Erzählung des Patienten teilnimmt.

Im Therapeuten entstehen nämlich innere Bilder – über die Verhaltensweisen des Patienten, über seine Art, Beziehungen zu gestalten, über seinen Charakter, über seine Kindheit und Lerngeschichte, über seine Art und Weise des Interagierens mit Eltern, Partnern, Kollegen usw. Imagination ist meines Erachtens dabei von Anfang an am Werke, denn ohne Bilder können wir als Therapeuten nicht sein und nicht verstehen.

Das Bildern, das Einbilden, das Imaginieren gehört zum unverzichtbaren Funktionieren der Selbstregulation der Psyche. Die alltägliche Fantasietätigkeit, die eigentlich der Normalzustand der menschlichen Psyche ist, dient dazu, sich selbst in der Welt zu ordnen, zu strukturieren, im Gleichgewicht zu halten, und ist die Quelle jeglicher schöpferischer Tätigkeit.

C. G. Jung meint, dass die Fantasie die Mutter aller Möglichkeiten ist, in der auch, wie alle psychologischen Gegensätze, Innenwelt und Außenwelt lebendig verbunden sind (vgl. Jung, GW 6, § 78).

In dieser Fantasietätigkeit spielt die Visualisierung bzw. Imagination die hervorragende Rolle, indem sie dem optisch Unbewussten erste Anschauungsformen anbietet, um es darzustellen und inhaltlich fassen zu können (vgl. Schmuckli, S. 89). Die schöpferische Visualisierung geht der rationalen Verbalisierung voraus.

Das Imaginieren ist ein Prozessgeschehen, in dem sich Innen und Außen, Schöpferisches und Erinnerung, Gabe und Verlust, Begehren und Trauer dialektisch verschränken. Diese Dialektik besagt: Die inneren Bilder, die durch Imaginieren hervorgebracht werden, gewinnen nur dann in unseren Augen, also in unserem Bewusstsein, Leben und Bedeutung, wenn diese uns auch anblicken, betreffen, in gewissem Sinne auch beunruhigen.

Diese Beunruhigung des denkenden und wahrnehmenden Subjektes verlangt, dass die in den Bildern – seien es narrative Bilder oder Bilder aus der Imagination – auftauchende, anadyomenische (Beiname von Aphrodite: die aus dem Meer Auftauchende) Sichtbarkeit des Unbewussten ergänzt und aufgehoben wird durch seine Lesbarkeit, das heißt durch deutendes, kognitives Begreifen.

Erzählen und Imaginieren sind – so betrachtet – zentrale Kernbestandteile des psychotherapeutischen Geschehens und Interagierens von Patient und Therapeut. Kreativität, sagt Verena Kast,

... ist ein dialogischer Prozess, im Neuen scheint das Alte durch, in der Resonanz zwischen dem Alten und dem Neuen, im Dazwischen, entsteht das Andere, die Entwicklung.

Egner 2002, S. 24

Man kann sich zur Kreativität *entscheiden*. Das Material kreativer Veränderung ist immer schon da: Es sind alle Aspekte der menschlichen Situation, die Gewohnheiten und Erfahrungen, die im Licht der Achtsamkeit neu erscheinen und sich verändern lassen.

Literatur

Abel, G. (Hrsg.) (2006): Kreativität. Kolloquienbeiträge / XX. Deutscher Kongreß für Philosophie, 26. - 30. September 2005 an der Technischen Universität Berlin. Hamburg: Meiner

Brodbeck, K. H. (2000): Mut zur eigenen Kreativität. Wie wir werden, was wir sein können. Freiburg: Herder

Egner, H. (Hrsg.) (2002): Das Schöpferische. Von der Überwindung der Resignation. Olten: Walter

Erikson, M. Rossi, E. L. (1981): Hypnotherapie. München: Pfeiffer

Haider, M. (Hrsg.) (1971): Neuropsychologie: Aktuelle Probleme. Bern: Huber

Jung, C. G. (1971): Praxis der Psychotherapie. Olten: Walter

Jung, C. G. (1971): Psychologische Typen. Olten: Walter

Schmuckli, L. (2009): Von der Visualisierung des Unbewussten, in : Soldt, P., Nitzschmann, K. (Hrsg.): Arbeit der Bilder. Gießen: Psychosozial

Thomas Schwind
Psychoanalytiker (C. G. Jung), Jahrgang 1952, Diplom Pädagoge, Diplom-Psychologe, MA Angewandte Ethik, 1. Vorsitzender der C. G. Jung - Gesellschaft Köln. Lehr- und Kontrollanalytiker in NRW, 1. Vorsitzender des PsychotherapeutInnen-Netzwerks Münster.

Die Größe der historischen Persönlichkeiten hat niemals in ihrer unbedingten Unterwerfung an die Konvention, sondern im Gegenteil in ihrer erlösenden Freiheit von der Konvention bestanden. Sie ragten wie Berggipfel aus der Masse, die sich an kollektive Ängste, Überzeugungen, Gesetze und Methoden klammerte, hervor und wählten den eigenen Weg.

Das schöpferische Leben ist immer jenseits der Konvention.

C. G. Jung, Vom Werden der Persönlichkeit, 1934, S. 143

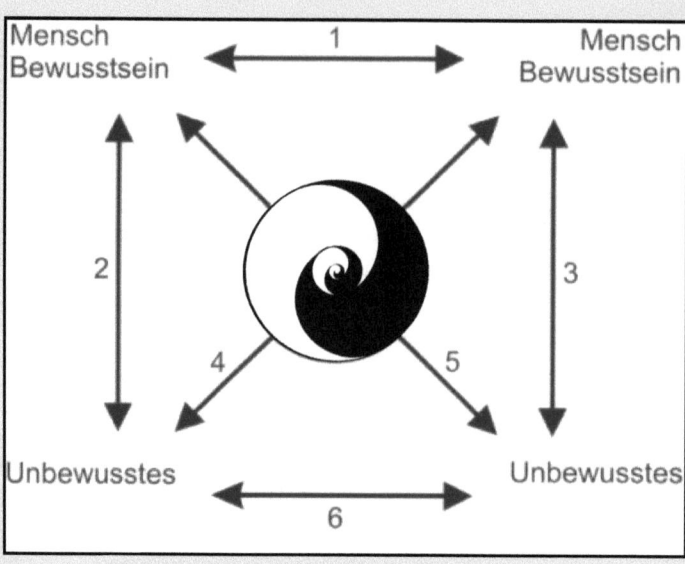

Die schöpferische Beziehung

Der schöpferische Wandlungszyklus (4)

C. G. Jung hat die therapeutische Beziehung und die darin ablaufenden Übertragungs-Gegenübertragsvorgänge in ganz moderner „intersubjektiver" Weise als dialektisch aufgefasst, in der sich beide Partner gegenseitig – im günstigen Fall positiv und schöpferisch – beeinflussen. *Es ist mit keinem Kunstgriff zu vermeiden, dass die Behandlung das Produkt einer gegenseitigen Beeinflussung ist, an welcher das ganze Wesen des Patienten sowohl wie das des Arztes teilhat. ... Das Zusammentreffen von zwei Persönlichkeiten ist wie die Mischung zweier verschiedener chemischer Körper: tritt eine Verbindung überhaupt ein, so sind beide gewandelt.* Diese schöpferische Wechselwirkung sah er angedeutet auch in einer alchemistischen Bilderserie, dem *Rosarium Philosophorum* (vgl. Jung, GW 16), die er psychologisch interpretierte. In dieser Serie gehen König und Königin gemeinsam durch einen Prozess des Stirb und Werde.

Er unterschied dabei vier Beziehungsebenen, die bei allen Kommunikationen ständig beteiligt sind:

1. Die bewusste Beziehungsebene von Mensch zu Mensch (Doppelpfeil 1),
2. die unbewusste Beziehungsebene (Doppelpfeil 6),
3. die jeweiligen Beziehungen zwischen dem Bewussten und dem Unbewussten in jedem Kommunikationspartner (Doppelpfeile 2 und 3),
4. die jeweiligen wechselseitigen Beziehungen zwischen dem Bewussten des einen Partners zum Unbewussten des anderen und umgekehrt (Doppelpfeile 4 und 5).

Nach heutigem Verständnis finden solche bewusst-unbewussten Interaktionen, Abstimmungen und Synchronisationen fortwährend zwischen Menschen, bei Paaren, aber noch komplexer in Familien, Gruppen und sozialen Verbänden statt. Die unbewussten selbstregulativen Anteile der Interaktionen haben dabei einen wesentlich größeren Einfluss, als in der Regel vermutet und wahrgenommen wird. Idealtypisches Ziel wäre es, wenn in sozialen Gruppierungen Offenheit, Toleranz und Lernbereitschaft lebendig blieben, so dass eine gemeinsame ko-evolutionäre Reifungs- und Wachstumsdynamik möglich wäre.

Das Schöpferische bei C. G. Jung und Erich Neumann

Lutz Müller[1]

Wenn ich mich frage, was mich heute, mehr als fünfzig Jahre nach ihrem Tod immer noch an den Werken C. G. Jungs und Erich Neumanns und an der Analytischen Psychologie, fasziniert, und wenn ich mich frage, was davon bis heute noch aktuell ist, ja, was im allgemeinen psychologischen und allgemeinen gesellschaftlichen Bewusstsein noch gar nicht umgesetzt, verstanden und verwirklicht ist, dann fällt mir als erstes das Mandala ein, das als Grundsymbol so sehr im Zentrum der Psychologie bei Jung und Neumann steht.

Es scheint mir, dass das Mandala aus fernster Frühzeit durch alle Kulturen hindurch bis in weiteste Zukunft uns begleiten wird als Symbol für das schöpferische, sich stets in unendlichen Formen und Gestaltungen erneuernde pulsierende Mysterium, als Symbol für das ewig unerkennbar Absolute, das hinter allem steht, als Symbol für den Ursprung des Seins, des Lebens, des Bewusstseins und zugleich seines Ziels.

Was symbolisiert das Mandala? *Gestaltung, Umgestaltung, des ewigen Lebens ewige Unterhaltung*, wie Goethe, der in diesem Sinne auch gerne von Jung und Neumann zitiert wird, formuliert.

Das Mandala ist ein systemisches Ordnungssymbol, das die oft chaotisch scheinende Fülle des Lebens mit seinen Polaritäten und Widersprüchen, seinen überraschend neuen Facetten und Kombinationen in einer lebendigen Einheit und Ganzheit zu fassen versucht: Das Obere und das Untere, das Helle und das Dunkle, das Innere und das Äußere, das Individuelle und das Kollektive, die Struktur und die Dynamik, eben diese ganz unbeschreibliche Widersprüchlichkeit und Harmonie des ewig fließenden Seins, wird hier in einem dargestellt.

In den östlichen Traditionen symbolisiert das Mandala die Einheit des Göttlichen mit dem Menschlichen, in der christlichen Tradition die Bezogenheit des Menschen auf die göttliche Mitte, in den hermetischen Traditionen im spätmittelalterlichen Denken die Einheit von geistiger und irdischer Welt, die Verbindung des Makro-Kosmischen mit dem Mikro-Kosmischen, dem Menschen. In der Analytischen Psychologie ist es ein Symbol der Orientierung, der Ordnung und des Sinns, ein Symbol des Selbst, also der bewusst-unbewussten Einheit und Ganzheit des Menschen.

In einem gewissen Sinne sind wir alle Konkretisierungen und Verwirklichungen der schöpferischen Energien der Erde, der Sonne, des Weltalls und seiner Naturgesetze und unsere Aufgabe in der Individuation ist, unser individuelles Schöpfungsmandala in die Welt hinein zu gestalten. Das ist wohl etwa das, was Jung meinte, als er sagte:

Erst als ich die Mandalas zu malen anfing, sah ich, daß alles, alle Wege, die ich ging, und alle Schritte, die ich tat, wieder zu einem Punkte zurückführten, nämlich zur Mitte. Es wurde mir immer deutlicher: das Mandala ist das Zentrum. Es ist der Ausdruck für alle Wege. Es ist der Weg zur Mitte, zur Individuation. Ich wußte, dass ich mit dem Mandala als Ausdruck für das Selbst das für mich Letzte erreicht hatte. Vielleicht weiß ein anderer mehr, aber nicht ich.

---

[1] Einleitender Vortrag auf dem Jung-Neumann-Symposion Stuttgart im November 2015 (vgl. S. 91)

Eine Bestätigung der Gedanken über das Zentrum und das Selbst erhielt ich Jahre später (1927) durch einen Traum. Seine Essenz habe ich in einem Mandala dargestellt, das ich als „Fenster in die Ewigkeit" bezeichnete.

Jung/Jaffé 1962, S. 200

Beginnen wir aber von vorne. Jung schreibt in seiner Autobiografie als ersten Satz:

Mein Leben ist die Geschichte einer Selbstverwirklichung des Unbewußten. Alles, was im Unbewußten liegt, will Ereignis werden, und auch die Persönlichkeit will sich aus ihren unbewußten Bedingungen entfalten und sich als Ganzheit erleben.

Jung/Jaffé 1962, S. 10

Darin zeigt sich indirekt eine große Bescheidenheit, der wir auch später wieder begegnen: Es ist nicht *seine* Selbstwirklichung, nicht die Verwirklichung seiner grandiosen Ich-Persönlichkeit, sondern die Verwirklichung des Unbewussten. Es ist nichts, was er mit seinem Willen und Wollen absichtlich gemacht hat, sondern vielmehr, was ihm geschehen oder widerfahren ist. Es ist die unbewusste Energie, die seine Persönlichkeit, sein Leben und Tun geformt hat. Mit dieser schöpferischen Energie ist Jung schon im ersten seiner erinnerlichen Träume konfrontiert worden:

Etwa im Alter von vier Jahren träumt er, dass er in einer Wiese unter die Erde gelangt und auf einem Thron einen großen Phallus sitzen sieht, der ein Auge auf seiner Spitze hat, mit dem er nach oben schaut.

Marie-Louise von Franz meint, dass solche frühen Träume des Lebens – ähnlich wie manchmal die initialen Träume in einer Therapie – die Grundthemen eines Menschen vorwegnehmen können.

So gesehen passt der Traum wirklich auf Jungs Leben: Es ging ihm um die Bewusstwerdung dessen, was unter der Erde oder in der Erde, dem Unbewussten, an schöpferischem Potenzial enthalten ist. Das Schöpferische und Geistige und auch das Religiöse – und das ist sicher das Revolutionäre an den

Konzepten von Jung und Neumann – kommt nicht primär aus einem unbestimmten, fernen, ungreifbaren Bereich des Himmels, sondern erst einmal von unten, aus der Erde, der Natur, aus der Evolution, geradezu aus dem, was zur damaligen Zeit als wenig schöpferisch und sinntragend angesehen wurde: die Materie und das Unbewusste der Psyche.

Vom Phallustraum habe ich erst gesprochen, als ich fünfundsechzig Jahre alt war. Meine ganze Jugend kann unter dem Begriff des Geheimnisses verstanden werden. Ich kam dadurch in eine fast unerträgliche Einsamkeit […] auch heute bin ich einsam, weil ich Dinge weiß und andeuten muß, die die anderen nicht wissen und meistens auch gar nicht wissen wollen.

Jung/Jaffé 1962, S. 47

Jung war, wie dieser Traum erahnen lässt, ein extrem schöpferischer, vitaler Mensch, der ein volles äußeres Leben mit einem ebenso reichen inneren Leben verbinden konnte, natürlich auch mit Hilfe des abgesicherten finanziellen und familiären Hintergrundes, den seine Frau Emma ihm schenkte.

Im äußeren Bereich hatte er eine Familie mit fünf Kindern und vielen Enkeln, eine Villa am Zürichsee und einen eigens für sich selber gebauten Turm, in den er sich zurückziehen konnte; er unternahm viele Reisen in ferne Länder, hatte Kontakt zu zahlreichen namhaften Persönlichkeiten seiner Zeit, eine Professur, eine reiche Vortrags- und Seminartätigkeit, ein Institut mit vielen Verehrerinnen und Verehrern, etliche Liebesbeziehungen.

Dazu oder hauptsächlich aber hatte er ein immenses imaginatives und geistiges Innenleben, ein umfassendes psychologisches, mythologisches und religionswissenschaftliches Wissen, wie an den mehr als zwanzig dicken Bänden gesammelter Werke, Briefe und Manuskripte sichtbar wird. Und dieses innere Leben war ihm das Entscheidende:

Die Erinnerung an die äußeren Fakten meines Lebens ist mir zum größten Teil verblaßt oder entschwunden. Aber die Begegnungen mit der

Diese Abbildung aus Jungs *Rotem Buch* zeigt
nachdrücklich, mit welch intensiven
visionären Energien er zu kämpfen hatte.
(Abb. Philemon Foundation, Red Book Sample Pages)

*anderen Wirklichkeit, der Zusammenprall mit
dem Unbewußten haben sich meinem Gedächtnis
unverlierbar eingegraben. Da war immer Fülle
und Reichtum, und alles andere trat dahinter zurück.*

Jung/Jaffé 1962, S. 11

*Im Grunde genommen sind mir nur die Ereig-
nisse meines Lebens erzählenswert, bei denen die
unvergängliche Welt in die vergängliche einbrach.
Darum spreche ich hauptsächlich von den inneren
Erlebnissen. Zu ihnen gehören meine Träume und
Imaginationen. Sie bilden zugleich den Urstoff
meiner wissenschaftlichen Arbeit. Sie waren wie
feurig-flüssiger Basalt, aus welchem sich der zu be-
arbeitende Stein auskristallisierte.*

Jung/Jaffé 1962, S. 11

Eine schöpferische wie auch psychisch labile
Phase erlebte er in den Jahren seiner Trennung

von Freud zwischen 1912 und 1919. Diese Erfahrungen hat er u.a. in seinem sogenannten
Roten Buch dargestellt.

*Es hat mich sozusagen fünfundvierzig Jahre ge-
kostet, um die Dinge, die ich damals erlebte und
niederschrieb, in dem Gefäß meines wissenschaftlichen Werkes einzufangen [...] dann stieß ich auf
diesen Lavastrom, und die Leidenschaft, die in
seinem Feuer lag, hat mein Leben umgeformt und
angeordnet. Das war der Urstoff, der's erzwun-
gen hat, und mein Werk ist ein mehr oder weniger gelungenes Bemühen, diese heiße Materie in
die Weltanschauung meiner Zeit einzubauen. Die
ersten Imaginationen und Träume waren wie feurig-flüssiger Basalt; aus ihnen kristallisierte sich
der Stein, den ich bearbeiten konnte.*

*Die Jahre, in denen ich den inneren Bildern nach-
ging, waren die wichtigste Zeit meines Lebens, in*

der sich alles Wesentliche entschied. Damals begann es, und die späteren Einzelheiten sind nur Ergänzungen und Verdeutlichungen. Meine gesamte spätere Tätigkeit bestand darin, das auszuarbeiten, was in jenen Jahren aus dem Unbewußten aufgebrochen war und mich zunächst überflutete. Es war der Urstoff für ein Lebenswerk.

Jung/Jaffé 1962, S. 203

Später entdeckte Jung, dass seine Imaginationen und Fantasien zahlreiche Parallelen zu dem aufwiesen, was die alten Alchemisten in ihren Texten und Bildern gestaltet hatten. Einen Großteil seines weiteren Lebens verbrachte er danach damit, diese alten Texte und Symbole zu interpretieren, sie in eine psychologische Sprache zu übersetzen und ihre Parallelen zum Individuationsprozess aufzuzeigen.

Die alten Alchemisten hatten die Fantasie, dass es möglich sein müsse, die unedlen Aspekte der Materie durch komplizierte Prozesse des Lösens und Verbindens, des Analysierens und Synthetisierens auf eine höhere Stufe zu transformieren, den sie dann den Stein der Weisen nannten. Dieser Stein hatte wundertätige Wirkungen, konnte Blei in Gold verwandeln, Krankheiten heilen, die Lebenskraft erneuern und höchste Weisheit schenken.

In meiner Beschäftigung mit der Alchemie sehe ich meine innere Beziehung zu Goethe. Goethes Geheimnis war, daß er von dem Prozeß der archetypischen Wandlung, der durch die Jahrhunderte geht, ergriffen war. Er hat seinen «Faust» als ein opus magnum oder divinum verstanden. Darum sagte er richtig, daß «Faust» sein «Hauptgeschäft» war, und darum war sein Leben von diesem Drama eingerahmt.

Man merkt in eindrucksvoller Weise, daß es eine lebendige Substanz war, die in ihm lebte und wirkte, ein überpersönlicher Prozeß, der große Traum des mundus archetypus.

Ich selber bin vom gleichen Traum ergriffen und habe ein Hauptwerk, das in meinem elften Jahre angefangen hat. Mein Leben ist durchwirkt und

zusammengefaßt durch ein Werk und ein Ziel, nämlich: in das Geheimnis der Persönlichkeit einzudringen. Alles ist aus diesem zentralen Punkt zu erklären, und alle Werke beziehen sich auf dieses Thema.

Jung/Jaffé 1962, S. 210

Aufgrund dieser intensiven Erfahrungen mit sich und dem Unbewussten wollte er auch in seinen Therapien seinen Klienten einen vergleichbaren kreativen Umgang mit Träumen und Fantasien eröffnen:

Wirkliche Kunst ist etwas Schöpferisches, und das Schöpferische ist jenseits aller Theorien. Darum sage ich zu jedem Anfänger: „Lernen Sie Ihre Theorien so gut Sie nur können, aber legen Sie sie beiseite, wenn Sie das Wunder der menschlichen Seele berühren. Nicht Theorien, sondern allein Ihre schöpferische Persönlichkeit ist das Entscheidende."

Jung, zit. nach Jacobi, 1971, S. 106

Er regte seine Patienten an, ihre Träume zu beobachten, ihre Emotionen, Fantasien, Sehnsüchte und Wünsche nicht nur zu erspüren, auszusprechen, sondern sie auch weiter auszufantasieren, in einen Dialog mit ihnen zu treten, zu schreiben, zu spielen, zu tonen, zu malen.

Damit ist etwas Unschätzbares gewonnen, nämlich ein Ansatz zur Unabhängigkeit, ein Übergang zur psychologischen Erwachsenheit. Mit dieser Methode - wenn ich dieses Wort überhaupt gebrauchen darf - kann sich der Patient schöpferisch unabhängig machen. Er hängt jetzt nicht mehr von seinen Träumen ab und nicht mehr vom Wissen seines Arztes, sondern, indem er sozusagen sich selber malt, kann er sich selber gestalten.

Denn was er malt, sind wirkende Phantasien, es ist das, was in ihm wirkt. Und was in ihm wirkt, das ist er selbst, aber nicht mehr im Sinne des früheren Mißverständnisses, wo er sein persönliches Ich für sein Selbst hielt, sondern in einem neuen, ihm bisher fremden Sinne, wo sein Ich als Objekt des in ihm Wirkenden erscheint.

Johann Daniel Mylius,
Philosophia Reformata (1622)
Abb. 26

Quod natura relinquit imperfectum, ars perficit (was die Natur unvollständig lässt, vervollständigt die Kunst), heißt es in der Alchemie. Die in aller Natur waltende elementare Ur-Energie – hier symbolisiert durch den Löwen – wird durch das große Werk der Alchemisten in ihrem „philosophischen Ofen" in ihre höchste und reinste Bewusstseins- und Entwicklungsform transformiert – hier symbolisiert durch die mann-weiblich-dunkel-helle Gestalt des Hermes-Mercurius. In der dunklen Sprache der Alchemisten: *Ich bin der war grün und güldisch Löwe ohne Sorgen, in mir steckt alle Heimlichkeit der Philosophen verborgen.* Der höhere Geist und die höhere Weisheit stammen aus der Natur, der Materie, der Erde, dem Körper, den archaischen Kräften des Lebens: Dieses frühe naturwissenschaftliche Denken war einer der Gründe, weshalb die Alchemie von der christlichen Vorstellung her als ketzerisch bekämpft wurde.

In zahllosen Bildern müht er sich, das in ihm Wirkende erschöpfend darzustellen, um schließlich zu entdecken, dass es das ewig Unbekannte und Fremde ist, das tiefste Grundlage unserer Seele ist. Ich kann unmöglich schildern, welche Veränderungen der Standpunkte und Werte, welche Verschiebungen des Gravitationszentrums der Persönlichkeit dadurch zustande kommen. Es ist, wie wenn die Erde die Sonne als das Zentrum der Planetenbahnen und ihrer eigenen Bahn entdeckt hätte.
Jung GW 16, S. 52

Jung spricht hier die grundlegende Relativierung der Funktion des Ich-Bewusstseins gegenüber dem Unbewussten und des Selbst an.

Bevor wir nun zu Erich Neumanns Beitrag zum Schöpferischen kommen, möchte ich noch einmal zusammenfassen, was m. E. die Kerneinsichten der Analytischen Psychologie in Bezug auf das Schöpferische sind.

- Erde, Natur, Körper und unbewusste Psyche erhalten in der Analytischen Psychologie eine neue und tiefe Bewertung.

- Der „Geist" kommt nicht freischwebend vom Himmel, sondern stammt aus der Natur, aus der Erde, von der Sonne und aus kosmischen Naturgesetzen. Damit beginnt eine radikale „Umwertung der Werte".

- Materie und Energie, Natur und Psyche sind ihrem Wesen nach schöpferisch. Sie sind zusammengehörende Seiten *eines* evolutionären Prozesses. Die Psyche ist nicht nur das Ergebnis einer in der Vergangenheit abgelaufenen, unfassbar schöpferischen Evolution, sondern sie ist ja auch zukunftsgerichtet, sie evoliert weiter, und je bewusster der Mensch wird, desto besser kann er die weitere Entfaltung der Evolution fördern.

- In der Evolution und Individuation des Menschen verwirklicht sich das Universum. Im Bewusstsein des Menschen kann es sich spiegeln und erkennen. Daraus ergibt sich für den Menschen Sinn und Aufgabe.

- Das schöpferische Werk des Menschen, des Künstlers, des Mystikers, des Wissenschaftlers stammt aus den selbstregulativen Prozessen der Psyche und der in und durch sie wirkenden „Einen Welt" (Einheitswirklichkeit), aus dem „Unus Mundus", dem Zusammenspiel von Bewusstem und Unbewussten, der Spannung und Vereinigung der Polaritäten in der Ganzheit des Selbst.

- Die dynamische lebendige Vereinigung („Mysterium Coniunctionis") der vielen Polaritäten des Lebens, insbesondere auch des „weiblichen" Prinzips und des „männlichen" Prinzips ist die Grundlage des Schöpferischen.

- Diese Vereinigung ist zugleich auch das Ziel der Individuation, die sich z. B. im Stein der Weisen oder im Mandala symbolisiert und als Selbst bezeichnet wird.

Die Beziehung zwischen Erich Neumann und und dem dreißig Jahre älteren C. G. Jung war sowohl von großer Wertschätzung geprägt, als auch von kritischer Auseinandersetzung, Ambivalenz und Enttäuschung.

So schrieb C. G. Jung in der Einleitung zu Neumanns Werk *Ursprungsgeschichte des Bewusstseins*, dass es Neumann gelungen sei, einerseits eine erstmalige Entwicklungsgeschichte des Bewusstseins aufzubauen, andererseits den Mythus als eine Phänomenologie eben dieser Entwicklung darzustellen. Damit gelange er zu Schlüssen und Einsichten, welche zum Bedeutendsten gehörten, was je auf diesem Gebiete geleistet worden sei. Und er drückt Neumann seinen tiefen Dank aus.

In Bezug auf seinen Aufsatz zum mystischen Menschen schrieb Jung an Neumann am 17. August 1948:

Ich kann Ihnen nur meine Bewunderung für die Art und Weise ausdrücken, wie Sie Ihre schwierige Aufgabe gemeistert haben. Es ist eine ganz ausgezeichnete, ebenso klare wie gründliche Darstellung des Problems der Mystik überhaupt geworden. Sie ist wohl nie in solcher Umfänglichkeit und Tiefe erfaßt worden wie in Ihrer Arbeit.

Jung, Briefe 2, S. 127

Und auch Neumann ist dankbar:

C. G. Jung ist der einzig wirklich große Mann, dem ich in meinem Leben begegnet bin, und er hat mir in über drei Jahrzehnten als Lehrer und Freund immer neuen Lebensstoff gegeben für Liebe und Ärgernis, wie die sprunghafte, dem Menschen überlegene Natur selber. In einem Menschen mit all seinen Schwächen und in all seiner Größe auf das zu stoßen, was größer ist als der Mensch, und in dem doch alles Menschliche wurzelt, war für mich eine entscheidende und richtunggebende Erfahrung.

Nicht das, was ich von ihm über mich, die Menschen und die Welt gelernt habe, war das Wichtigste an meiner Begegnung mit Jung, obgleich all dies nicht aus meinem Leben wegzudenken ist. In der Spontaneität seines Erzählens konnte es z. B. zunächst oft so scheinen, als ob er mich mißverstanden oder an mir vorbeigeredet habe. Aber sein unbezogen scheinendes sich Gehenlassen und von sich und von der Welt sprechen ist seinem Gegenüber in Wirklichkeit tiefer verbunden, als es jede willentliche Bemühung des Kopfes oder des Herzens allein zu erreichen vermag.

Hinterher, oft nach Jahren, wurde mir deutlich, wie wesentlich recht er gehabt, und wie er an meinem Ich vorbei auf mein seelisches Zentrum zugesprochen hatte. Dieses Äußerste an Bezogensein, das viele Menschen an Jung erleben, ist für mich

Erich Neumann und C. G. Jung am runden Tisch bei einer der legendären Eranos-Tagungen in Ascona (Schweiz).
Quelle: Mit freundlicher Genehmigung von Prof. M. Neumann

der Beweis für das Wirken seiner Ganzheit jenseits seines Wissens und jenseits allen nur rationalen Verstehens.

Daß er mir auf diese Weise, …, wie von höherem Orte her den Mut gegeben hat, ich selber zu sein, und daß er auch da, wo Verschiedenheiten der Natur und des Lebensverständnisses bei einem anderen längst zu Mißverständnissen geführt hätten, ein einmal näheres, einmal ferneres, immer aber zentrales Gegenüber geblieben ist, dafür gilt ihm heute wie immer mein tiefster Dank.
Neumann 1955, S. 261

Erich Neumann hat in vielen Bereichen das Anliegen C. G. Jungs kongenial differenziert, systematisiert, vertieft und erweitert. Was Jung z. B. in seinem Werk *Symbole der Wandlung* vorformuliert und noch relativ unbezogen nebeneinander dargestellt hatte – die Bedeutung des Mutterarchetyps und des Heldenweges als Entwicklung des Bewusstseins – hat Neumann in seinem Grundlagenwerk *Die Große Mutter* und dann in *Ursprungsgeschichte des Bewusstseins* in überzeugender Weise analysiert, angeordnet und mit den weiteren Grundbegriffen der Analytischen Psychologie – die Entwicklung der Persona, des Schattens, der Animus- und Animaseiten – verbunden.

Stärker noch als Jung scheint es Neumann wichtig gewesen zu sein, die Facetten des weiblichen Prinzips und deren zentrale Bedeutung für das Schöpferische und für die zukünftige Entwicklung der Menschheit darzustellen.

Die abendländische Menschheit muß notwendigerweise zu einer Synthese gelangen, in welcher die – in ihrer Isolierung ebenfalls einseitige – weibliche Welt fruchtbar miteinbezogen wird. Erst dann kann die psychische Entwicklung der Ganzheit des Einzelmenschen möglich werden, die dringend nötig ist, wenn der abendländische Mensch psy-

chisch den Gefahren gewachsen sein soll, die sein Dasein von innen und außen bedrohen.

Neumann 1956, S. 11

Für Neumann ist der Mensch wesensgemäß ein *homo creator* und ein *homo mysticus*, dadurch, dass der Mensch, ob er es nun bewusst weiß oder nicht, in seiner ganzen Existenz im alltäglichen, wie im wissenschaftlichen und religiösen Leben von seinem schöpferischen Unbewussten abhängt. Der wesentliche Unterschied zwischen dem alltäglichen Menschen und dem schöpferischen Menschen besteht für ihn darin, dass der schöpferische Mensch – unabhängig auf welchen Gebieten – eine größere Offenheit und Spontaneität besitzt, seine Durchlässigkeit dem Unbewussten gegenüber größer ist und er sich zu diesem in eine lebendige emotionale Beziehung setzen kann.

Neumann übersieht aber bei aller Wertschätzung des Unbewussten nicht die Leiden und Gefahren, die ein schöpferischer Mensch durch eben diese größere Durchlässigkeit in Bezug auf seine gesellschaftliche Integration haben kann oder wie gefährlich es sein kann, wenn unbewusste Inhalte nicht durch ein integrationsfähiges Bewusstsein gehalten und geformt werden können.

Im Vergleich zum „Durchschittsmenschen", der möglicherweise an seinem Leiden zerbricht, scheint der schöpferische Mensch sein Leiden mit Hilfe des Schöpferischen zu bewältigen und dies auch dadurch, dass er hinter seinem persönlichen komplexhaften Leiden auch eine allgemeinmenschliche archetypische Grundsituation des Menschlichen mitgestaltet.

Der therapeutische Zugang der Analytischen Psychologie besteht für Neumann dementsprechend darin – ganz wie auch bei Jung – dem krank gewordenen modernen Menschen zu helfen, die verloren gegangene Ich-Selbst-Einheit wieder herzustellen und ihm die Erfahrung der eigenen schöpferischen Psyche zu ermöglichen.

Die Konzeptionen der Analytischen Psychiatrie ebenso wie ihre „Technik" beruhen für ihn auf dem von Natur her gegebenen Schöpferischsein des Menschen als einer Einheit von Ich und Selbst. Die Entwicklung jedes Einzelmenschen zu einer psychischen Ganzheit, in der sein Bewußtsein schöpferisch mit den Inhalten des Unbewußten verbunden ist, ist das tiefenpsychologische Erziehungsideal der Zukunft. Erst diese Ganzwerdung des Einzelnen ermöglicht ein fruchtbares Lebendigsein der Gemeinschaft.

Neumann 1956, S. 11

An anderer Stelle schreibt er, dass es im schöpferischen Prozess durch die Auseinandersetzung zwischen dem Ich-Bewusstsein und dem Selbst zu einer Wandlung der Gesamtpersönlichkeit komme, in welcher der anfangs noch vorhandene Gegensatz zwischen Bewusstsein und Unbewusstem sich zu verändern beginne. Im Laufe dieser Entwicklung, die von ihm als Integrations- und Zentrierungsprozess beschrieben wird, bilde sich etwas, das im Vor und Zurück der Kämpfe als Mitte der Wandlung auch jenseits der Wandlung existiere.

Dieses Sich-Bilden oder Sichtbarwerden eines ruhenden Poles sei Ausdruck dessen, dass das Ich sich auf etwas zu stützen beginne, das, von Anfang an zwar vorhanden, aber sich erst jetzt allmählich in seiner fundamentalen Wirklichkeit offenbare. Wir gelangten an das innerste Leben der Welt und von uns selbst und an die Einheitswirklichkeit, in der wir und die Welt zusammengehören. Über diese Einheitswirklichkeit schreibt Neumann:

Jeder Augenblick, jedes Ding, jede Pflanze, jedes Tier, in allen lebt als Einzelnen die Möglichkeit des Ganzen. Durch jedes und als jedes ist die Fülle der Wirklichkeit erfahrbar. Nicht umsonst kann alles im Mittelpunkt des Mandala stehen, des zeitlosen Symbols der Einheitswirklichkeit. Jeder Augenblick trägt die schöpferische Potenz in sich, zusammen mit uns die Welt ins Große zu verwandeln, sodaß wir in der Fülle einer ganzen und strömend lebendigen Welt stehen.

Die Verklärung der Wirklichkeit und ihr Transparentwerden in der „Großen Erfahrung" ist als schöpferisches Geschehen in der Möglichkeit jedes lebendigen Menschen enthalten, und die schöpferi-

sche Unfestlegbarkeit des Lebens schließt für jeden Menschen und in jedem Augenblick den Durchbruch durch die Verengung unseres nur bewußten Daseins in sich. Sie liegt verborgen in allem, sie kann uns ergreifen im Anblick einer sich entfaltenden Knospe wie im Geschmack eines Stückes Brot oder eines Schluckes Wasser.

Wir müssen uns nur offen halten und die Fülle der Wirklichkeit nicht ausschließen. Die von unserem Wissen gewußte, aber von unserem Leben nicht realisierte Tatsache, dass jedes Stück Welt eine unendliche Fülle von Welten und Kräften enthält, ist nur Symbol dessen, daß in jedem Stück Welt die ganze unrealisierbare Fülle der Einheitswirklichkeit verborgen ist, die auf unsere Bereitschaft wartet.

Die Notwendigkeit dieser Bereitschaft, dem Leben nicht gegenüberzutreten, um es festzuhalten und zu besitzen, sondern in seinem Strom mitzufließen, hat wieder Blake vielleicht am schönsten in seinem Vers ausgesprochen:

„He who binds to himself a joy
Does the winged life destroy.
But he who kisses the joy as it flies
Lives in eternity's sun rise."

Das Große der „Großen Kunst" besteht gerade darin, daß das Schöpferische in ihr nicht vom schöpferischen Menschen, seiner Haltung und seinem Glauben, spricht, sondern daß durch sie die Wirklichkeit sich selber aussagt. Die Verbundenheit des schöpferischen Menschen mit der alles belebenden Einheitswirklichkeit trägt kein Gewand des Wissens oder einer kanonhaften Gläubigkeit, sondern lebt in der „Großen Erfahrung" als ihr verborgenes Leben.

Neumann 1959, S. 150 ff.

Erst hier verliert der Mensch das Gefühl, ausgeliefert und verloren zu sein; er wird zum «Wanderer» in der tiefsten Nachgiebigkeit dem Wind des Geschehens gegenüber, das uns nicht mehr als ein Fremdes gegenübersteht, sondern ein Eigenes ist, dem wir folgen. [...]

Dieses Innerste ist schöpferisches Leben und Frieden mit sich selbst, ist Heiterkeit und Stille innerhalb von Leben und Tod. Es ist „leuchtend, leer" und hat „weder Geburt noch Tod als das unveränderliche Licht" und ist gleichzeitig im Wandel von Schöpferischem und Empfangendem, Licht und Dunkel, Himmel und Erde; es ist außer uns und in uns und jenseits von uns wie wir selber. Auch von ihm gilt, was Heraklit vom ätherischen Feuer im menschlichen Körper ausgesagt hat: „sich wandelnd, ruht es".

Neumann 1959, S. 245 ff.

Literatur

Jacobi, J. (1971): Mensch und Seele. Olten: Walter
Jung C. G. /Jaffé, A. (1962): Erinnerungen, Träume, Gedanken. Olten: Walter
Jung, C. G. (1972): Briefe 2. Olten: Walter
Neumann, E. (1955): Dank an Jung. Der Psychologe 1955, VII
Neumann, E. (1956): Die große Mutter. Zürich: Rhein
Neumann, E. (1959): Der schöpferische Mensch. Zürich: Rhein

Lutz Müller
Prof. Dr. phil., Analytischer Psychotherapeut, Dozent, Lehranalytiker C. G. Jung-Institut Stuttgart, ehem. Vorsitzender DGAP, zahlr. Veröffentlichungen, zuletzt *Lebe Dein Bestes. Quintessenz der Lebenskunst*, opus magnum 2013.

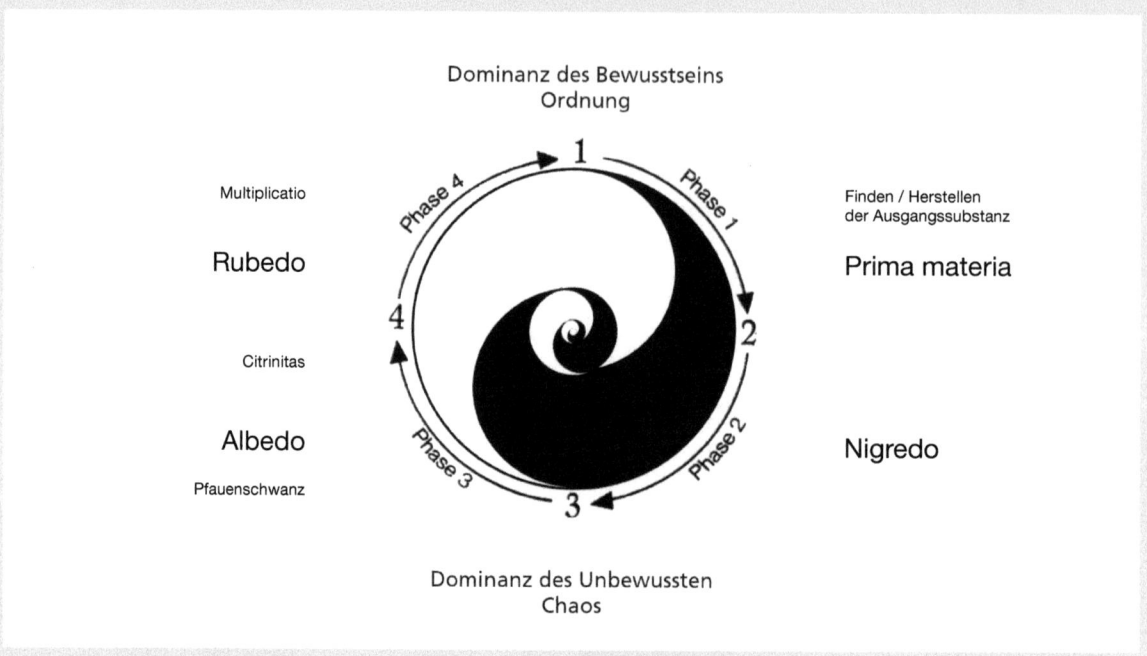

Dominanz des Bewusstseins
Ordnung

Multiplicatio — Phase 4 — 1 — Phase 1 — Finden / Herstellen der Ausgangssubstanz

Rubedo — **Prima materia**

Citrinitas — 4 — 2

Albedo — Phase 3 — Phase 2 — **Nigredo**

Pfauenschwanz — 3

Dominanz des Unbewussten
Chaos

Alchemie

Der schöpferische Wandlungszyklus (5)

Das *opus magnum* der Alchemie, das C. G. Jung ausführlich in seiner Symbolik und seinen Parallelen zur Individuation beschrieben hat, wird oft als vierstufiger Vorgang dargestellt. In einem fortwährenden *solve et coagula – löse und verbinde* werden die Elemente des Ausgangsstoffes immer wieder getrennt, gereinigt und neu zusammengesetzt, bis daraus der Stein der Weisen, das *philosophische Gold* in reiner, dauerhafter und unzerstörbarer Form entsteht.

1. Prima materia (erste Materie, Ausgangsmaterie): In der Phase 1, die den Beginn des alchemistischen Werkes darstellt, wird die Ausgangssubstanz gesucht oder erzeugt.

2. Nigredo (Schwärzung): In Phase 2 wird diese Ausgangssubstanz gereinigt, zerkleinert, erhitzt, in ihre Bestandteile aufgelöst, differerenziert, analysiert usw. Dies wird als leidvoller Prozess beschrieben, als Zerstückelung, Sterben und Tod.

3. Albedo (Weißung): In Phase 3 beginnt die Synthese der einzelnen Elemente, die sich auch mit dem Auftauchen vieler Farben (*Pfauenschwanz*) ankündigen kann. Der *Stein der Weisen* ist aber noch nicht fertig. Er muss noch reifen und seine volle Potenz entfalten.

4. Rubedo (Rötung): Dies geschieht durch die Phase 4. Der Stein nimmt die ganze Sonnenenergie und Lebenskraft in sich auf (manchmal wird dies auch durch die *citrinitas*, die Gelbung, eingeleitet). Er kann jetzt seine erneuernde, heilende und bewusstseinserweiternde Wirkung entfalten, weitergeben und vervielfältigen (*multiplicatio*).

Das Rote Buch von C. G. Jung

Henning Weyerstrass

Das Rote Buch ist ein ganz besonderes Buch: Es ist die Niederschrift von 16 Jahren persönlicher, aber auch kollektiver Krise. Die persönliche Krise wurde als Erfahrung eines Menschen, der sich dabei selbst beobachtet, geschrieben. Man könnte auch von einem gefährlichen Selbst-Experiment sprechen, das C. G. Jung, wie er selber beschreibt, im ausgehenden Jahr 1912 begann, als er bei sich eine *ungewöhnliche Belebung des Unbewußten* wahrnahm (vgl. Jung, Jaffé 1961, 174 ff.), aber lange Zeit *„keine Lösung des Rätsels* fand: *Schließlich mußte ich es aufgeben. Es blieb mir nichts anderes übrig, als zu warten, weiter zu leben und auf meine Phantasien zu achten.* (ebd. S. 175) Die folgende lange „Wartezeit" verbrachte er u.a. mit dem oft zitierten Spielen mit Bausteinen am Zürichsee.

Vom Herbst 2013 bis Juni 2014 beobachtete er dann mehrere erschütternden Träume, in denen zugleich seine eigene Krise wie die des Kollektivs sich spiegelte und ab dem 12.12. 2013 schrieb er seine Träume und Fantasien in das *Schwarze Buch,* das ingesamt *sechs in schwarzes Leder gebundene kleinere Bände* umfasste. Diese Aufzeichnungen waren die Grundlage für die langjährige sorgsame Gestaltung des *Roten Buchs.*

Unangemeldet treffen diese Träume und Fantasien der Lebenskrise auf einen ebenso unvorbereiteten wie gleichzeitig faszinierten Menschen, der die außergewöhnliche Situation erkennt, und die Begegnungen als innere Aufrufe versteht.

Jung beschreibt die Situation lebhaft in seiner Autobiografie. Er kann das Experiment wagen, weil er Psychiater ist und an dem Gegenstand seines Erkenntniswillens leidenschaft-

C. G. Jungs Rotes Buch

lich interessiert ist. Als Mediziner hat er gerade große Probleme mit seiner Geliebten, mit seinem Freund und Kollegen und mit seiner Familie, die all das ertragen muss. Also kämpft er an inneren und äußeren Fronten. Er wird mitgerissen von Vorstellungen, die er selbst nicht geschaffen hat. Es kommt auf ihn zu, er kann sich des Schreckens kaum erwehren und muss ihn ertragen, wissend dass es sich um seine Realität handelt.

Sieh es an, es ist ganz wirklich, und es wird so sein. Du kannst nicht daran zweifeln.

Rotes Buch, S. 230

Er kann nirgendwohin fliehen. Jederzeit können diese „Zustände" wieder auftreten und einbrechen in sein bislang gesichertes Leben. „Warum geschieht gerade mir das alles?" Es hilft alles nichts. Die Angst wächst. „Bin ich jetzt wahnsinnig geworden?", fragt er sich immer wieder. Seine Kräfte lassen nach, er findet keinen Schlaf. Die inneren Bilder werden immer bedrohlicher.

So kann er sich nicht anders helfen, als alles aufzuschreiben, niederzuschreiben, zu zeichnen. Fieberhaft versucht er, die Bilder festzuhalten, Skizzen anzufertigen, um das Bildgewitter einzufangen und auf Papier zu bannen. Er verliert allmählich die Übersicht, die Trennung zwischen innerem Bild und der Wirklichkeit gerät aus den Fugen. Die Unsicherheit zu unterscheiden, schreitet in beängstigender Form voran. Trotz allem ist er von der Wirkung der inneren Bilder überzeugt.

Sein Freund und er haben so viel über diese Themen gesprochen, aber jetzt, wo ihm das alles selbst geschieht, ist der Freund nicht mehr da. *Der Rest ist Schweigen!* hat er ihm geschrieben und war sich sicher, dass eine Trennung das beste sei. Jetzt ist er allein. Er kämpft als ein Einzelner. Aber: „Was ist die Stimme eines Einzelnen?", fragt er.

Am Punkt tiefster Verzweiflung schlägt er willkürlich eine Seite der Bibel auf und findet: Jesaja 35, Vers 1-8

Aber die Wüste und Einöde wird lustig sein, und das dürre Land wird fröhlich stehen und wird blühen wie die Lilien. Sie wird blühen und fröhlich stehen in aller Lust und Freude. [...]

Alsdann werden der Blinden Augen aufgetan werden, und der Tauben Ohren geöffnet werden; alsdann werden die Lahmen springen wie ein Hirsch, und der Stummen Zunge wird Lob sagen. Denn es werden Wasser in der Wüste hin und wieder fließen und Ströme im dürren Lande. Und wo es zuvor trocken gewesen ist, sollen Teiche stehen; und wo es dürr gewesen ist, sollen Brunnquellen sein. Da zuvor die Schakale gelegen haben, soll Gras und Rohr und Schilf stehen.

Und es wird daselbst eine Bahn sein und ein Weg, welcher der heilige Weg heißen wird, dass kein Unreiner darauf gehen darf; und derselbe wird für sie sein, dass man darauf gehe, dass auch die Toren nicht irren mögen.

C. G. Jung, Rotes Buch, S. 229

Mit dieser Einleitung eröffnet das *Rote Buch* dem Leser die Welt des Psychischen. Ungewöhnlich schwierig stellt dieser in Latein und ohne Übersetzung, zudem handschriftlich in Minuskeln geschriebene Text im Original schon hohe Anforderungen. Damit ist auch zugleich eine Beziehung zu den Schriften des Alten Testamentes gesetzt, die klar macht, dass wir es im Bereich des Psychischen mit sehr alten, antiquierten und überkommenen Vorstellungsbereichen zu tun bekommen.

Die Seele ist von einer merkwürdigen Unsicherheit des Zeitbegriffes umgeben. Es ist zwar eine alte, aber keine „überholte" Sprache. Jung beschreibt diese Unsicherheit und Unschärfe des Zeitphänomens als den Geist der Tiefe, der in eklatantem Widerspruch zum Geist dieser Zeit steht.

Im *Liber Primus* – so heißt der erste Teil des Roten Buches – ist daher sehr detailliert beschrieben, wie sich diese beiden Aspekte des Psychischen auswirken und welcher Bildsprache sie sich bedienen. Jung als individueller Mensch ist vom Geist dieser Zeit geprägt und muss nun einsehen, dass es auch noch einen anderen Geist gibt.

Wie er die Existenz dieses Geistes der Tiefe entdeckt und wie sich dieser Geist in ihm zu Worte meldet, beschreibt er eindrücklich im *Liber Primus*. Er hat in diesem Buch die Erlebnisse dokumentiert, die ihn zu einem besonderen Verständnis der psychischen Dynamik im Menschen geführt haben.

In den letzten Zeilen des Jesaja-Zitates findet sich auch so etwas wie eine Vor-Formulierung des Individuationsprozesses. Die Via Sancta, in allen Religionen auffindbar, beschreibt den Weg des Ichs zum größeren Selbst.

Zunächst war die wissenschaftliche Überarbeitung und Kommentierung des Buches eine Notwendigkeit, die der britische Medizinhistoriker Prof. Sonu Shamdasani im Laufe von 15 Jahren vor dem Erscheinungstermin durchgeführt hatte und die ihn dazu in die Lage versetzte, das Buch überhaupt herausgeben zu können. Bis zum Schluss war diese Herausgabe umstritten. Es ist daher umso mehr sein Verdienst, dass wir heute diese Quelle nutzen können, um die Analytische Psychologie aus verschiedenen neuen Perspektiven zu erfahren.

Jungs Interesse und seine zunehmende Leidenschaft für antike Texte führten ihn zu der Erkenntnis, dass die wichtigen Fragen der Menschheit in der Antike bereits gestellt wurden. Viele Antworten wurden in unterschiedlichen Kontexten bereits gegeben. Sie wurden bereits vorgedacht. Was wir heute machen, ist eher Nach-Denken. Jung dagegen war ein echter Querdenker.

In gewisser Weise ist das *Rote Buch* C. G. Jungs das Ursprungsdokument für die Entstehungsgeschichte der Analytischen Psychologie. Das Erfahren des Unbewussten ist ein Ereignis, es ist – wie man heutzutage so gern sagt – ein Event. An diesem Event nimmt unser Ich selten bewusst, trotzdem kontinuierlich teil. Es erlebt und nimmt mit allen Sinnen wahr. Die Erzählungen des Unbewussten schaffen Bilder wie im Traum – Bühnenbilder.

Das *Rote Buch* könnte so gesehen auch ein Drehbuch für Vorgänge im Unbewussten darstellen. Tatsächlich ist das Unbewusste aber weder nur außen, noch nur innen. Es ist in einem seelischen Raum und in einer seelischen Zeit verortet und verfasst, in der durchaus andere Gesetze gelten als im Bewusstsein.

Diese Raum-Zeit als ein Mischgefäß von Innen und Außen ist die ständige Atmosphäre, die wir im *Roten Buch* vorfinden. Die Bilder und ihre Entstehung, ihr Gedacht-Werden verwandelt sich im *Roten Buch* in das Ereignis, die Eröffnung zur Ermöglichung von Denkbarem, aber auch diese Reflektion ist eben nicht nur rational, sondern schließt das Irrationale (und damit das Unbewusste) nicht aus, sondern ein.

Somit sind Sinn und Unsinn in der Mischung (oder Trennung) ein Übersinn, heißt es im *Liber Primus* des *Roten Buchs*. Ein merkwürdiges Wort, das außer im *Roten Buch* nirgendwo in der Geisteswissenschaft auftaucht. Jung hat es eher als Konstrukt, als Rechenpfennig für eine nach Formulierungen suchende Tätigkeit so benannt, um daran weiterarbeiten zu können. Es ist wie vieles in seinen Werken geschaffen, um weiterzukommen. Eine Hypothese – nicht mehr, aber auch nicht weniger.

Das *Rote Buch* besteht aus zwei Teilen, dem *Liber Primus* und dem *Liber Secundus*.

Die einzelnen Kapitel bilden in ihrer Abfolge die archetypische Struktur der Heldenreise ab. Sie sind wie kleine, abgeschlossene Geschichten, eine an die andere gekoppelt und jede als ein besonderes Bühnenbild aufgebaut. Die Ähnlichkeit mit Traumszenen ist unübersehbar.

Jede Geschichte und Begegnung wird im *Roten Buch* von Jung einzigartig geschildert. Er selbst ist erstaunt über die vielfältige Bild- und Sprachwelt, der er begegnet. Da er sich selbst immer wieder als kritischer Beobachter und Kommentator sieht und sich auch in die Geschichte mit einbringt, erhält das Narrative eine Zusatzqualität: Es erreicht die kritische Distanz. Damit kann Jungs stetige Einmischung und Kommentierung als Versuch gewertet werden, die Paradoxie und Zeitverdrehung, für die die Pänomene des Unbewussten bekannt sind, originär abzubilden.

Eindrücklich wird deutlich, dass die schöpferische Energie sich nicht nur abbilden, sondern auch sprachlich ausdrücken will. Im Zusammenspiel des Wortes mit den Bildern werden Verstehensbrücken gebildet, die die Rätselhaftigkeiten des seelischen Ausdrucks dem Ich bewusst machen. Jung hat diese Fähigkeit später Aktive Imagination genannt.

Hat man sich längere Zeit mit dem *Roten Buch* beschäftigt, liest man in den Gesammelten Werken mit einer veränderten Aufmerksamkeit Vieles ganz neu und überraschend verständlich. Die Arbeit am *Roten Buch* ist eine aufregende, großartige Bemühung um das eigentlich wichtige Verstehen, um das Erkennen der Gnosis cardias, der Weisheit des Herzens.

Exemplarisch für die Fantasien aus dem *Roten Buch* sei hier die Episode mit Izdubar dargestellt, die wie folgt eingeleitet wird:

In der dritten Nacht aber versperrt ein wüstes Felsengebirge mir den Weg, aber eine enge Talschlucht gewährt mir den Einlass. Der Weg führt unausweichlich zwischen hohen Felsenwänden. Meine Füße sind nackt und verwunden sich an den zackigen Steinen. –

das schöpferische

Hier wird der Pfad glatt. Die eine Hälfte des Weges ist weiß, die andere schwarz. Ich betrete die schwarze Seite und pralle entsetzt zurück: es ist heißes Eisen. Ich trete auf die weiße Hälfte: es ist Eis. Aber es muss sein. Ich eile hinüber und hindurch und endlich weitet sich das Tal zu einem mächtigen Felsenkessel. Ein schmaler Pfad führt an senkrechten Felsen in die Höhe auf den Kamm des Gebirges. Wie ich mich der Höhe nähere, kommt ein mächtiges Dröhnen von der anderen Seite des Berges wie von geschlagenem Erz. Der Schall schwillt allmählich an und vielfach donnernd widerhallt der Schall in den Bergen.

Wie ich den Pass erreiche, sehe ich auf der anderen Seite einen riesenhaften Menschen sich nahen. Aus seinem mächtigen Haupt ragen zwei Stierhörner, ein klirrender schwarzer Panzer bedeckt seine Brust. Sein schwarzer Bart ist gekräuselt und mit kostbaren Steinen geziert. In der Hand trägt der Riese die furchtbare Doppelaxt, mit der man Stiere schlägt.

Ehe ich mich vom staunenden Schrecken erholt habe, steht der Gewaltige vor mir und ich sehe in sein Gesicht. Er [ist] blaß und gelblich und tief gefurcht. Wie erstaunt schauen seine schwarzen, mandelförmigen Augen auf mich. Mich fasst das Grauen: das ist Izdubar, der Gewaltige, der Stiermensch. Er steht und schaut mich an. Sein Gesicht spricht von verzehrender innerer Angst. Seine Hände, seine Knie zittern. Izdubar, der gewaltige Stier, zittert? Er fürchtet sich? Ich rufe ihn an:
Rotes Buch, S. 277

Es ist faszinierend, mit welchen einfachen Mitteln Jung diese Szene so geschickt, ja fast unmerklich einerseits als Fantasie und gleichzeitig andererseits doch realistisch aufbaut und den Leser in das psychische „Setting" hineintransportiert. Dabei ist die Information, dass es sich bei der Figur des Izdubar um die Gestalt des Gilgamesch handelt, von weitreichender Bedeutung. Spannend ist nun der Dialog, bei dem sich herausstellt, daß dieser Izdubar aus dem Osten in Richtung Westen unterwegs ist, also genau der entgegengesetzten Richtung folgt, in die Jung unterwegs ist. Es wird im Dialog auch deutlich, dass Izdubar noch in einer antiquierten Geisteshaltung spricht, noch nichts von „moderner Wissenschaft" weiß und auch sonst mit den Dingen, die ihm Jung berichtet, eher überfordert ist.

In dem Maße, in dem es Jung gelingt, seine Neugier zu entfachen, scheint die Kraft dieses Riesen im Laufe des Dialogs abzunehmen. Die Rede Jungs wirkt auf ihn entkräftend. Es ist für den Leser leicht nachzuvollziehen, wie die Darstellung der modernen Wissenschaft auf Izdubar wie ein „psychisches Gift" wirkt. Die zuvor eindrucksvoll geschilderte Mächtigkeit wandelt sich in Schwäche. Der Riese ist verzweifelt, weil er beobachtet, wie sein eigenes Weltbild von Satz zu Satz regelrecht zerbröckelt.

Den drohenden Tod des Riesen will Jung aber unbedingt vermeiden. So schaltet sich auch bei Jung ein „Wandlungsmoment" ein: Die Worte sollen Izdubar wieder heilen. Zudem macht Jung Feuer, was als Moment des Bewusstwerdens interpretiert werden kann. Die Worte der Erkenntnis sollen nun dem gefallenen Riesen helfen. Er ist ja auch in einer bemitleidenswerten Position:

Ist es nicht jämmerlich, so gelähmt zu sein? Ich für meinen Teil ziehe meine eigene Kraft den Naturkräften vor. Ich überlasse die geheimen Kräfte den feigen Zauberkünstlern und den weibischen Magiern. Wenn ich einem den Schädel zu Brei zerschlagen habe, hört auch sein elender Zauber auf.
Rotes Buch, S. 279

Ein echter Pragmatiker, dieser Izdubar. Leider hilft ihm seine schwindende Kraft hier nicht und Jung erkennt, dass er nun die Hilfe herbeischaffen muss. Er erkennt in Izdubar kleine aber signifikante Lernfortschritte. Das Land des aufgehenden Lichtes hat für Jung auch den Nachteil, dass er vom Licht geblendet werden könnte und damit Gefahr liefe, zu erblinden. Ein Punkt an Izdubar!

Jung spürt nun tiefsinnig dem Gespräch, der Umgebung und der Symbolik des Feuers nach. Es ist ein niedergeschriebenes Denken und kommt zu sehr erstaunlichen Ergebnissen in Form mytho-poetischer Feststellungen.

Dort heißt es:

Klein ist, was zum Aufgang eilt, groß, was zum Untergang sich wendet. Nicht mehr äußere Gegensätze versperren mir den Weg, sondern mein eigener Gegensatz kommt mir entgegen und riesengroß steigt er vor mir auf, und wir versperren einander den Weg.

Rotes Buch, S. 280

Bemerkenswert ist die Denkschärfe Jungs an dieser Stelle:

Im Weiterschreiten muss ich von der Lähmung in die Blindheit fallen, indem der Mächtige, um seiner Blindheit zu entgehen, der Lähmung verfiel.

Rotes Buch, S. 280

In dieser mächtigen Gegensatzspannung ist das nächtliche Feuer ein Symbol für die Gegensatzvereinigung. Alles wandelnd, vereinigt es die Kommenden zum Bleiben, zum Nach-Denken, denn es gilt:

Die Worte am Feuer sind zweideutig und tief und weisen das Leben auf den rechten Weg.

Rotes Buch, S. 280

So ist denn – laut Jung – eine Einsicht unvermeidlich:

Wir verbreiten Gift und Lähmung um uns, indem wir alle Welt um uns zur Vernunft erziehen wollen. Der Eine hat seine Vernunft im Denken, der Andere im Fühlen.

Rotes Buch, S. 280

Instinktiv sucht Jung nach etwas, das er sich zu eigen machen kann, er möchte sich die Kraft des Riesen zu eigen machen, indem er ihn aus seiner misslichen Lage herausführt.

Die Rettung besteht nun psychologisch darin, dass man ihn nicht für eine Fantasie hält, sondern für einen realen Gott und nicht meint, damit den vielfach geglaubten psychischen Tatsachen und Wirklichkeiten ein Ende bereitet zu haben. Dies ist der Trugschluss. Jung schreibt:

Darum erfuhr ich das Wunder, dass mein Körper seine Schwere verlor, als ich mich mit dem Gotte belud.

Rotes Buch, S. 282

In den schwarzen Büchern, den Entwürfen zum Roten Buch steht:

Wie viele Götter und wie viele Male wurde der Gott als Phantasie erklärt, womit man glaubt, ihn erledigt zu haben.

Rotes Buch, S. 282

In Analogie dazu lautet die Christophorus-Legende wie eine Entsprechung:

Der hl. Christophorus (griechisch: Christusträger) war ein Märtyrer im 3. Jh. Es heißt, um Christus zu dienen, trug er Menschen über eine gefährliche Furt. Einmal bat ihn ein kleines Kind, hinübergetragen zu werden. Es war schwerer als alle anderen Menschen und gab sich ihm als Christus, der die Sünden der Welt trägt, zu erkennen.

Rotes Buch, S. 282

Beim Bearbeiten des *Roten Buches* erschien mir diese Geschichte in gewisser Weise als die Verständlichmachung des deus absconditus, des Gottes im Verborgenen. Hier entwickelt sich langsam die Vorstellung dahingehend, dass dieser Gott der Tiefe eine andere Qualität besitzt, als sich der Einzelne vorstellt.

Nun kann Jung mit diesen Fantasien arbeiten, sie auf ihre psychische Wirksamkeit prüfen und allmählich seine Kosmologie der Systema munditotius, also dem System aller Welten zuordnen. Die Eröffnungsveranstaltung zur Vorstellung des *Roten Buches* im New Yorker Rubinmuseum trug auch den Titel: a new cosmology.

All dies wirft auch ein erhellendes Licht auf die mysteriösen *Sieben Reden an die Toten*, den *septem sermones ad mortuos*, die mit dem Mandala Systema munditotius in direktem Zusammenhang stehen. Sie befinden sich im letzten Teil des Roten Buches, in den *Prüfungen*.

Der Schluss der Geschichte beschreibt dann auch diese Eröffnung als Incantationen: rituelle

das schöpferische

Gesänge zur Einstimmung auf die Geburt des neuen Gottes.

Wohlgemerkt, bei Jung sprechen wir immer vom Gottesbild. Alles Andere wäre irreführend. Es erfolgt die Konzentration auf das, was mit dem Gott im Ei geschieht. Die Bebrütung des Eis ist die Zuführung von Wärme. Der Prozess der Wandlung ist in seine entscheidende Phase geraten. Wir erwarten die Gottesgeburt.

Literatur

Jung, C. G. / Shamdasani, Sonu (Hrsg.) (2009): Das rote Buch. Ostfildern: Patmos

Henning Weyerstrass
geb. 1954, Kunst- und Sonderpädagoge, Vorstandsmitglied C. G. Jung-Gesellschaft Köln, deutschlandweit Veranstaltungen zum Roten Buch und anderen Themen der Analytischen Psychologie.

> *Der Mensch muß spüren, daß er in einer Welt lebt,*
> *die in einer gewissen Hinsicht geheimnisvoll ist,*
> *daß in ihr Dinge geschehen und erfahren werden können,*
> *die unerklärbar bleiben, und nicht nur solche,*
> *die sich innerhalb der Erwartung ereignen.*
> *Das Unerwartete und das Unerhörte gehören in diese Welt.*
> *Nur dann ist das Leben ganz.*
>
> *Für mich war die Welt von Anfang an unendlich groß und unfaßlich.*
>
> *Ich hatte alle Mühe, mich neben meinen Gedanken zu behaupten.*
> *Es war ein Dämon in mir, und der war in letzter Linie*
> *ausschlaggebend. Er überflügelte mich, und wenn ich rücksichtslos war,*
> *so darum, weil ich vom Dämon gedrängt wurde.*
>
> *Ich konnte mich nie aufhalten beim einmal Erreichten.*
> *Ich mußte weitereilen, um meine Vision einzuholen.*
> *Da meine Zeitgenossen begreiflicherweise meine Vision nicht*
> *wahrnehmen konnten, so sahen sie nur einen sinnlos Davonlaufenden.*

C. G. Jung, Erinnerungen, S. 358

Das Schöpferische als Zentralproblem der Psychotherapie

Erich Neumann[1]

Das Vorhandensein der verschiedensten therapeutischen Schulen ist im wesentlichen Ausdruck eines gegenseitigen Sich-nicht-Verstehens. Die Sprachverwirrung, die uns alle befallen hat, schreitet immer weiter fort, indem jeder seine Erfahrung neu und seiner Natur gemäß zu formulieren bemüht ist oder aber eine allgemeine Terminologie benutzt, welche die Verschiedenheit dessen, was der Einzelne meint, zwar verdeckt aber keineswegs aufhebt.

Meine heutige Bemühung geht nun dahin, ein Grundphänomen unserer Erfahrung, das Schöpferische, aus den Verkleidungen und Begriffen der Analytischen Psychologie herauszuschälen, um zu verdeutlichen, inwiefern sich das Schöpferische als Zentralphänomen der Psychotherapie erweist.

Es sollte möglich sein, unsere Erfahrung in einfachen Worten zu übermitteln; das Umgekehrte ist der Fall. Die Schwierigkeit sich verständlich zu machen wird evident, wenn wir erkannt haben, wie wenig die Sprache, außer wo sie dichterisch ist, imstande ist, die Wirklichkeit unserer Erfahrung zu fassen. Deswegen ist es, so scheint mir, nur der Ausdruck der uns zustehenden Bescheidenheit, Bilder des Menschen, der Psyche und ihres Seins in der Welt zu entwerfen, über deren Vorläufigkeit wir uns klar sind. Aber auch wenn wir darauf verzichten, uns selber „endgültig" formulieren zu können, sollten wir heute die Gefahr erkennen, die darin liegt, das von der Tiefenpsychologie entworfene Bild vom Menschen aufzugeben.

Psychologe zu sein, besagt für mich, ich weiß etwas vom Sein, insoweit ich etwas von mir und vom Menschen weiß, der in der Welt lebt. Das schöpferische Sein wird mir erfahrbar als schöpferisches Wesen der Psyche in mir und mit mir, als Selbst, Du und Welt. Die als Gegenschlag gegen die Psychoanalyse notwendige Akzentuierung der Ich-Psychologie hat fast dazu geführt, die ich-überlegenen unbewussten Faktoren der Psyche zu vergessen und sogar zu glauben, der Mensch sei, was er „mache".

Selbstregulation

Wenn wir versuchen, dieses Phänomen allgemeiner zu formulieren, stoßen wir auf den für die Entwicklung des Bewusstseins und seine Verteidigung notwendigen Prozess der Abwehr des Numinosen als einer mit dem schöpferischen Wesen der Psyche verbundenen Gefahr. Diese paradoxe Situation des menschlichen Bewusstseins, zwischen dem chaotischen Überschwemmtwerden durch psychische Inhalte und der Starre einer das Lebendige des Daseins ausschließenden Über-Rationalisierung den schöpferischen Mittel-Weg zu finden, ist die Grundsituation, in welcher alle Psychotherapie sich vorfindet.

Die Grunderfahrung der Analytischen Psychologie ist die der psychischen Kompensation zwischen Bewusstsein und Unbewusstem, d. h. die Einsicht, dass die menschliche Psyche wie der Organismus eine sich selber

[1] Leicht gekürzte Fassung. Erstmals erschienen in: Acta psychother. 8: 351-364 (1960). Diese und andere Texte von E. Neumann können kostenlos bei www.opus-magnum.de heruntergeladen werden.

regulierende Ganzheitsstruktur darstellt. Diese Ganzheit, deren Symbol als „Selbst" bezeichnet wird, konstelliert das Ich, d. h. den Menschen, so wie er sich bewusst vorfindet, als abhängig von einem ihm Vorgegebenen und ihn Umfassenden. D. h. die Angewiesenheit des Menschen auf ein Nicht-Ich steht im Mittelpunkt dieser Sicht vom Menschen. Das Nicht-Ich als Selbst und als Welt bildet die Basis der Entwicklung des Ich, des Bewusstseins und der Persönlichkeit.

Die Ich-Selbst-Beziehung
Die schöpferische Qualität des Menschen als eines homo creator wurzelt in der Verbundenheit des menschlichen Ich mit der sein Ich überragenden und umfassenden Ganzheit in einer Ich-Selbst-Beziehung. Die menschliche Ich-Selbst-Struktur ist ihrem Wesen nach paradox, weil in ihr der mit dem Ich verbundene Bewusstseinsaspekt sich als unlösbar mit dem verbunden erweist, was wir als „Unbewusstes" bezeichnen. So wie das Ich und das Bewusstsein, wie wir sagen, „aus" dem Unbewussten entstehen, ist der Mensch als schöpferisches Ich fortlaufend auf seinen Zusammenhang mit diesem ihm Unbekannten angewiesen, das er „selber" ist, ohne dass er zu wissen imstande ist, was dieses „er selber" eigentlich sei.

Diese grundsätzliche Irrationalität, die mit dem Dasein des Menschen als einem Ich-Selbst gegeben ist, schränkt die Bedeutung des Bewusstseins keineswegs ein, solange dem Ich die irrationale Grundlage seiner Existenz gegenwärtig bleibt und solange es nicht vergisst, dass es der Garant der Ich-Selbst-Ganzheit für den schöpferischen Zusammenhang mit sich selbst, der menschlichen Umwelt, der Welt und der umfassenden Einheits-Wirklichkeit ist (vgl. Neumann 1959).

Diese Zusammengehörigkeit des Ich mit einem Du und seine Angewiesenheit auf dieses prägt schon die früheste Ich-Entwicklung, in welcher die Mutter als das Du, welches für die kindliche Persönlichkeit Welt, Selbst und menschliche Gemeinschaft in einem ist, die entscheidende Rolle spielt. Die Bedeutung dieser ersten Phase der Entwicklung für den Aufbau der Psyche besteht u. a. darin, dass das Ich durch die Erfahrung seines Verwurzeltseins in einem Du zur Sicherheit seiner eigenen Ich-Selbst-Einheit gelangt, welche das schöpferische Dasein des Kindes und später des Erwachsenen ermöglicht, das in offener Spontaneität nach innen und außen reagiert.

Mit dem Eintreten jedes Menschen in die Welt beginnt ein neuer schöpferischer Prozess. Das überpersönliche Dasein schränkt sich zu einer persönlichen Wirklichkeit ein, es erscheint als ein in die Einheitswirklichkeit eingesenkter schöpferischer Kern, dessen Aufgabe es ist, sich in seinem Selbst-Sein inmitten eines mit ihm verbundenen Andersseins zu entfalten. [...]

Der Zusammenhang zwischen der modernen Bewusstseinsentwicklung, dem Verlust der ursprünglichen schöpferischen Anlage jedes Individuums und den psychischen Erkrankungen des modernen Menschen ist augenfällig. Ebenso deutlich ist, dass der Rückgriff auf das Schöpferische im Menschen die einzige Möglichkeit eines Heilungsweges ebenso für den modernen Menschen ist wie für den kranken Menschen, dessen Ab-Wegigkeit nur das Deutlichwerden eines allgemeinen vom Weg Abgekommenseins ist. [...]

Wenn es uns nicht genug ist, die Welt des Kranken zu verstehen und zu beschreiben, müssen wir das Wesen der Therapie darin erfassen, die in jedem Kranken auf andere Art gestörte Grundqualität des Menschen wiederherzustellen, ein homo creator, ein schöpferischer, nicht aber seine Entartung, ein homo faber, ein fabrizierender Mensch zu sein. [...]

Selbst-Entfremdung
Das gefährliche Ergebnis der für das Abendland typischen Bewusstseins-Entwicklung ist eine Selbst-Entfremdung des Menschen, der nur als ein Ausschnitt seiner Ganzheit lebt. Mit dieser Bruchstückhaftigkeit wird die Grundlage der Persönlichkeit als eines Ich-Selbst-Seins verdunkelt, denn das fragmentarisch verengte Dasein des Menschen ist identisch mit dem Verlust der Erfahrung, in einem Großen und Umfassenden zu wurzeln. Das führt

nicht nur zu Angst und Schuldgefühl, sondern zur Vereinsamung und, über das Erleben der eigenen Sinnlosigkeit, in die Verzweiflung.

Damit dass das Ich sich unbewusst oder bewusst als Fragment der ursprünglichen Ich-Selbst-Ganzheit erfährt, welches seiner ursprünglichen schöpferischen Bezogenheit verlustig gegangen ist, erweist sich aber auch die Welt als fragmentarisch geworden, als verengt und beengend, oder sie geht in Stücke.

Mit dem Verlust der Verwurzelung, die in der schöpferischen Bezogenheit des Ich zum Selbst besteht, ist nicht nur die Sicherheit, Vertrauen und Glauben gebende Beziehung des Menschen zu sich selber zerstört, sondern auch die Beziehungsfähigkeit überhaupt, die zum Mitmenschen ebenso wie die zur Welt. Süchte und Hörigkeitsbeziehungen verschiedenster Art, Regressionszustände und Depressionen sind Ausdruck dieser Entwurzeltheit und der Versuche der Psyche, sie zu kompensieren.

Eine Psychotherapie, welche den Einzelnen nur zur Anpassung an den psychisch inadäquat gewordenen Kanon unserer Zivilisation bringt, ohne seine genuine Schöpferischkeit zu befreien, ist deswegen eine Scheinlösung. Obgleich der Mensch nun nicht mehr im Anpassungssinne krank ist, ist er - ebenso wie seine Welt - in Wirklichkeit fragmentarisch geblieben und hat nicht seinen eigenen Wurzelgrund erreicht.

Mit einer derart wurzellosen Angepasstheit ist der Mensch aber den Bedrohungen unserer Zeit nicht gewachsen. Seine trotz aller Anpassung nihilistische Vereinsamung, in der die fundamentale Angewiesenheit des Ich auf das Du als Selbst und als Mitmenschen verkannt wird, wird dann überaus häufig durch politische oder religiöse Vermassungsphänomene kompensiert, welche eine eminente psychische Gefahr nicht nur für den Einzelnen, sondern für die Menschheit überhaupt bilden.

Therapeutische Übertragung

Das Übertragungsphänomen ist die grundlegende Neu-Konstellation, in welcher dem verlassenen und sich verloren gebenden Ich sein Ich-Selbst-Sein als schöpferische Konstellation des menschlichen Daseins wieder zur Erfahrung kommt. In diesem Prozess übernimmt der Therapeut die Rolle der umfassenden Ganzheit, in welche das Ich sich von neuem einwurzelt. Das Selbst des Therapeuten tritt zunächst stellvertretend für das vom Ich abgespaltene Selbst des Erkrankten ein, dessen Ich dann im Heilungsprozess den Wiederanschluss an das eigene Selbst und die Wiederherstellung des eigenen schöpferischen Ich-Selbst-Seins erreicht.

Die schöpferische Bezogenheit des Therapeuten nicht nur auf sein äußeres Gegenüber und das Selbst des Patienten, sondern auch auf sein inneres Gegenüber, sein eigenes Selbst, ist die Voraussetzung für die Heilung. Wenn auch zunächst im analytischen Prozess die persönliche und überpersönliche Figur des Selbst nur auf der Seite des Analytikers sichtbar zu werden scheint, bildet doch die Beziehungseinheit des vom Ich abgespaltenen Selbst des Kranken mit dem Selbst des Analytikers den eigentlich wirksamen Hintergrund der Übertragung.

Die Möglichkeit des Analysanden, von der Enge seines Ich zur Offenheit seiner Ich-Selbst-Wirklichkeit zu gelangen, ist mit davon abhängig, dass das Ich des Arztes die Humilitas dem Selbst gegenüber erfahren und erworben hat, die ihn daran verhindert, sich mit dem Überpersönlich-Heilenden der Psyche, das sich seiner bedient, zu identifizieren. Ein chassidischer Satz sagt: Wenn jemand einen anderen belehren will, dann bedenke er, „dass auch die Seele seines Mitmenschen an den Schöpfer gebunden und ihm hingegeben ist, und dass er vor Gott steht und lehrt" (Birnbaum 1920, S. 18).

Weder die distanzierte Haltung eines sich aus der Übertragung heraushaltenden, noch die inflationierte eines mit der Heilbringerfigur sich identifizierenden Ich erfüllt das schöpferische Zusammen der Übertragung, die, wie Jung darzustellen versucht hat (Jung 1946), immer einen Wandlungsprozess bedeutet, in den beide Menschen, Patient wie Therapeut, eingeschlossen und dem beide ausgesetzt sind. Denn der Therapeut ist kein wissender, sondern ein fragender, dem Antwortgebenden gegenüber offener Mensch.

Dies Antwortgebende aber ist nicht er als Ich und als Ich-Bewusstsein, sondern die vom Ich des Patienten abgeschlossene schöpferische Psyche, mit der die Ich-Selbst-Einheit des Therapeuten hörend, verstehend und folgend verbunden ist.

Soweit ein Problem mit Hilfe unseres Bewusstseins „lösbar" ist, reicht es nicht an den Kern unserer das Ich übersteigenden Persönlichkeit. Ein echter Konflikt setzt immer eine Seite der Persönlichkeit voraus, die sich mit dem Ich und dem Bewusstsein des Menschen in einem unlösbaren Widerspruch befindet. Unlösbar deswegen, weil die Lösung, für welche Ich und Bewusstsein sich oft mit höchster Intensität einsetzen, für eine „andere Seite" der Persönlichkeit untragbar ist.

Die transzendente Funktion

In dieser Konfliktsituation, für welche die eigentliche Psychotherapie zuständig ist, erweist sich das Schöpferische der Psyche darin, dass es im Sinne einer intercessio divina in Träumen, Phantasien, Visionen etc. spricht und zu neuen Entwicklungen und Wandlungen der Persönlichkeit führt. Diese schöpferische Qualität des Unbewussten, die eigentlich besser als die schöpferische Qualität der Psyche und des Selbst zu bezeichnen ist, findet ihre deutlichste Repräsentation in dem, was Jung als „transzendente Funktion" der Psyche beschrieben hat (Jung 1921) welche als ein schöpferisch Drittes aus dem Konflikt geboren wird, in dem sich die konfliktgespannte Psyche befindet.

Es ist unverständlich, dass diese entscheidende und bedeutsame Entdeckung Jungs, dessen Wirkung ja zum Teil darin besteht, dass seine wesentlichen Entdeckungen von allen Seiten so erfolgreich und fruchtbringend entlehnt werden, bis heute nicht zu der Revolution in der Auffassung des Menschen geführt hat, die notwendigerweise mit ihr verbunden ist. Die transzendente Funktion ist der Ausdruck nicht nur der schöpferischen, sondern zugleich auch auf Ausgleich und Ganzheit hin tendierenden Psyche. Dass das Gesetz der psychischen Kompensation für das Verständnis des Menschen grundlegend ist, wird allmählich überall eingesehen. Die schon in weiten Kreisen herrschende Auffassung, auch die Psychose sei ein Kompensationsversuch der Psyche, ist für diese Entwicklung charakteristisch.

Dass die transzendente Funktion einen Konflikt zwischen dem Ich und entgegengesetzt tendierenden Teilen der Persönlichkeit voraussetzt, ist nur ein Sonderfall der Angewiesenheit alles schöpferischen Lebens auf eine Spannung, einen Konflikt, ein Gefälle. Deswegen hat die Psychotherapie immer sowohl die Ich-Psychologie wie die Psychologie des Unbewussten und des Selbst zu berücksichtigen, niemals genügt die Betonung nur der einen Seite dieser Gegensatzspannung. Allerdings kann mit der Erkenntnis von der schöpferischen Ich-Selbst-Existenz des Menschen die dem Ich gegenüberstehende Seite auch nicht mehr als ein Es, sondern muss nun als ein Du erfahren werden.

In diesem Sinne erfassen wir heute auch die dem Ich-Bewusstsein gegenüberstehende Psyche, auch wenn ihre Sprache archaisch ist, nicht als das, was wir „anzupassen" und dem „Realitätsprinzip" zu unterwerfen haben, sondern als etwas, dessen Mitteilungen und Ausdrucksformen sorgsam zu berücksichtigen sind, ja das wir oft als führend und wissend anzuerkennen haben, wie jedes echte Verständnis eines Traumes uns lehrt. [...]

Traum und Imagination

Die Erfahrung der Sinnhaftigkeit des Traumes und der dirigierenden Bedeutung des Symbols ist ein entscheidender Weg, nicht nur für eine Daseinsdeutung des Kranken, sondern für eine Daseinsdeutung der Welt und der Stellung des Menschen in ihr. Dass es ein Ich-Überlegenes in ihm selber gibt, das sich ausspricht, das nach Ganzheit strebt, nach Ganzheit des Menschen ebenso wie nach Ganzheit des Seins in einer ganzen Welt - ist das Schlüsselphänomen jeder Psychotherapie, die auf dem

Schöpferischen des Menschen fußt und von ihm ausgeht.

Das, was man „Technik" der Analytischen Psychologie nennen kann, ist nur von dieser Grundposition des menschlichen Daseins als eines schöpferisch Psychischen her zu verstehen. So wie die auf der kompensatorischen Funktion der Psyche aufgebaute Traumdeutung die Erfahrung eines Wissens ermöglicht, welches, wie das der Instinkte, früher und tiefer ist als das so oft fehlgehende Wissen des Bewusstseins, führt die aktive Imagination, das aktiv handelnde und erfahrende Hineingehen des Ich in die spontan auftretende Welt der Phantasie, zur Begegnung des Ich mit den Mächten und Bildern einer größeren und wissenderen Welt. Dabei ist es gleich, welchen Weg der einzelne Mensch bei seiner Erfahrung der schöpferischen Psyche geht, ob er malt oder tanzt, modelliert oder schreibt.

Die neue Chance des Menschen, der über die gewandelte Erfahrung der Welt und des Unbewussten seiner Ich-Selbstheit wieder habhaft wird, schließt die anthropozentrische Stellung des Ich und die numinose Erfahrung des Selbst als der lebendigen Mitte des Ich und als eines größeren Du ein. Aber unablöslich verbunden mit dieser Ich-Selbst-Erfahrung ist die Erfahrung von der Verwurzelung des Einzelnen in der Welt und der Menschheit, welche die Manifestationsorte des Selbst sind.

Das schöpferisch Menschliche des Einzelnen ist unabtrennbar von seiner Verwachsenheit mit der Menschheit, deren geistig-seelische Urbilder und Triebe in ihm zur Offenbarung gelangen. Die Rückverbindung des Ich des Menschen mit seiner eigenen ichüberlegenen Tiefe macht ihn niemals nur für sich selber, sondern immer auch für das Ganze der Menschheit, als deren Glied und Repräsentant er existiert, schöpferisch.

Persona und Schatten

Das, was die Analytische Psychologie als Arbeit an der Persona und am Schatten bezeichnet, muss in diesem Sinne verstanden werden, und es scheint mir wichtig, die für jede Psychotherapie vorhandene Gültigkeit dieses Aspektes zu beleuchten. Die Bewusstwerdung der Scheinpersönlichkeit, der Persona, hat zugleich mit der Erkenntnis von der notwendigen Anpassungsleistung, die sie besonders in der ersten Lebenshälfte bedeutet, klarzustellen, dass die Persona eine der üblichen Erstarrungsgefahren der Persönlichkeit bildet. Sie steht im Gegensatz zu der Offenheit gegenüber der Welt und dem Selbst, welche zu den Grundvoraussetzungen des Schöpferischseins gehört.

Mit der Bewusstwerdung des Schattens und dem Versuch, ihn zu verarbeiten, betritt der Mensch die Domäne des moralischen Problems in seinem personalen und transpersonalen Aspekt. Soweit der Schatten durch die Verdrängung und Unterdrückung der dem Kollektiv nicht erwünschten Eigenschaften des Individuums konstelliert wird, wobei das Unerwünschte je nach Zeit und Kultur wechselt, kommt es zur Bewusstwerdung und Befreiung des Individuums als eines schöpferischen Wesens, das zutiefst mit der Erfahrung des Konfliktes und damit des Leidens verbunden ist. Das Annehmen dessen, was vom Kollektiv als böse angesehen wird, kann zu den Notwendigkeiten der Befreiung des Schöpferischen gehören, wie jede Revolution lehrt, die politische wie die religiöse, die ja immer mit dem verbrecherischen Zerbrechen alter Werte verbunden ist. (Neumann 1949)

Das Problem des persönlichen Schattens hängt mit dem überpersönlichen Problem des Bösen, dem Bösen in der Menschheit, in der Schöpfung und in der Gottheit unlösbar zusammen. Das Erleiden dieses Problems wird keinem ernsthaften Menschen erspart, denn wenn das Schöpferische zum Wesen des Menschen gehört, so kann er auch nicht der Problematik der Schöpfung und des Schöpfers entgehen, welche durch das, was der Mythos den Teufel nennt, mitgeprägt sind.

Das Selbst

Die primär erhaltene oder die wiedergewonnene Beziehung des Ich zum Selbst ist die Voraussetzung für jede überpersönliche Erfahrung und für jede schöpferische Bezogenheit

das schöpferische

des Menschen. Deswegen ist die moderne zur Fragmentpersönlichkeit führende Normalentwicklung für die in unserer Kultur schöpferischen Menschen nicht gültig. Das macht sie zwar in einem gewissen Sinne zu Außenseitern, gleichzeitig aber auch für jeden, dem an der Heilung des Menschen und an der Gesundung unserer Kultur liegt, zu Vorbildern.

In jedem schöpferischen Menschen ist nicht nur die Erfahrung lebendig, in einem Größeren zu wurzeln und auf dieses fortlaufend angewiesen zu sein, sondern darüber hinaus ist seine offene Spontaneität Ausdruck des Wissens, dass er „gemeint" ist, d. h. dass sein Dasein von ihm und mit ihm etwas will. Dass dieser Wille in ihm ein größerer Wille ist als der des Ich, zeigt sich in dem dauernden Konflikt, in dem der kleine Ich-Wille dem großen Willen widersteht oder folgt, durch seine annehmende Bereitschaft schöpferisch verstärkt wird oder sich im Widerstand gegen Ihn aufreibt. Erst auf dieser grundsätzlichen Erfahrung, dass jeder Einzelne [...] ein einzigartiges und einmaliges Kreatorisches ist, beruht die Möglichkeit des Schöpferischen ebenso wie die der Sinnerfahrung jedes Menschen.

In diesem fundamentalen Sinne schöpferisch zu sein, bedeutet weder, ein nützliches Glied der menschlichen Gesellschaft, noch aber ein Künstler zu sein. Die Offenheit, um die es hier geht, ist in jeder noch so bescheidenen Lebensform möglich und kann in jedem angeblich künstlerischen Dasein unerfüllt sein, denn nur die Übereinstimmung des Menschen mit seiner echten Persönlichkeitsganzheit ist die Gewähr für den ihm adäquaten schöpferischen Ort in der schöpferischen Welt.

Die Einheitswirklichkeit

Das Symbol dieser Welt aber ist die Innen-Außenwelt umfassende Einheitswirklichkeit, welche das schöpferische Dasein selber ist, das sich in uns und um uns ausspricht und dessen Erfahrung die „Große Erfahrung" ist, um die alles Schöpferische des Menschen kreist (Neumann 1959).

Überall wo das Menschliche für die schöpferische Begegnung mit dieser aller Wirklichkeit zu Grunde liegenden Einheitswirklichkeit offen ist, kommt es in gleicher Weise zur Welt wie zu sich selbst. Dabei werden Welt wie Selbst Symbol einer Grunderfahrung, in der das Dasein nicht nur zur Heilung und zum Frieden kommt, sondern als ein immer Heiles und Schöpferisches durchsichtig wird. Wir können hier auf dieses Phänomen der Einheitswirklichkeit als letzte Peripherie zu der wir durchstoßen, wie als innersten Kern, von dem wir mit der Kraft zu diesem Durchstoßen begnadet werden, nur hinweisen.

Aber dieser Hinweis ist deswegen notwendig, weil es diese Einheitswirklichkeit ist, von der die schöpferischen Bilder der menschlichen Psyche aussagen und die immer und überall als eigentliche Wirklichkeit des Lebendigen sichtbar wird, die Schöpferisches und Heilendes zugleich ist.

Diese Einheitswirklichkeit aber ist nicht nur umfassende Welt, welche das menschliche Sein aus sich hat entstehen lassen, sondern sie kommt in der Ich-Selbst-Einheit des Menschen als einer einmaligen Wirklichkeit auch zu ihrer höchsten Deutlichkeit, indem sie in seiner Erfahrung transparent wird. Die Schöpfung ebenso wie das Schöpferische sind ein alles Bewusstsein transzendierendes Phänomen, und als homo creator ist der Mensch immer auch ein homo mysticus.

Die paradoxe Situation der Psychotherapie, dass in einer Zeit, in der unzählige Menschen physisch und psychisch in Gefahr sind, ein oft jahrelang dauernder und häufig bis ans Äußerste gehender Einsatz geleistet wird, um einem einzelnen Menschen zu helfen, ist nur berechtigt, weil dieser Bemühung die Grundwahrheit zu Grunde liegt, die ein jüdischer Satz mit den Worten formuliert hat: wer die Seele eines Menschen rettet, dem werde es angerechnet, als ob er die ganze Welt gerettet habe.

Die Kostbarkeit, die der Einzelne ist, der eine einmalige Welt und eine einmalige Offenbarung des Schöpferisch-Göttlichen inkarniert, ist die Berechtigung für unsere - quantitativ gesehen - höchst fragwürdige Arbeit. Sie ist aber auch die Grundlage dafür, dass ein so als

Kostbarkeit gesehener und erfahrener Mensch sich selber so zu sehen und zu erfahren lernt und [...] schöpferisch gesundet. In dieser Gesundung aber bekommt sein Leben Sinn, wird aber auch sein Dasein sinnvoll für die Welt. Wie ein chassidischer Satz es formuliert hat: „Jedermann soll wissen und bedenken, dass er in der Welt einzig ist in seiner Beschaffenheit und keiner ihm gleich war je im Leben, denn wäre je einer ihm gleich gewesen, dann brauchte er nicht zu sein. Aber in Wahrheit ist jeder ein neues Ding in der Welt, und er soll seine Eigenschaft vollkommen machen. Denn weil sie nicht vollkommen ist, zögert das Kommen des Messias" (Buber 1928, S. 150).

Zusammenfassung

Die schöpferische Wirklichkeit des Menschen beruht auf der Zusammengehörigkeit des personalen Ich mit dem transpersonalen Selbst, dem Zentrum der Bewusstsein und Unbewusstes umfassenden Psyche. Das menschliche Ich ist seiner Natur nach abhängig von dem ihm unbekannten aber zu ihm gehörenden Nicht-Ich und Du als Selbst und als Welt. Der therapeutische Zugang der Analytischen Psychologie besteht darin, die dem kranken modernen Menschen verloren gegangene Ich-Selbst-Einheit auf dem Wege über die Übertragung und die Erfahrung der schöpferischen Psyche wiederherzustellen. Die Konzeptionen der Analytischen Psychiatrie beruhen ebenso wie ihre „Technik" auf dem von Natur her gegebenen Schöpferischsein des Menschen als einer Einheit von Ich und Selbst.

Literatur

Neumann, E. (1959): Der schöpferische Mensch. Zürich: Rhein
Jung, C. G. (1928): Die Beziehungen zwischen dem Ich und dem Unbewussten. Darmstadt: Reichl
Birnbaum, S. (1920): Leben und Worte des Baalchem, Berlin: Welt-Verlag
Jung, C. G. (1946): Die Psychologie der Übertragung. Zürich: Rascher
Jung, C. G. (1921): Psychologische Typen. Zürich: Rascher
Neumann, E. (1949): Tiefenpsychologie und neue Ethik. Zürich: Rascher
Neumann, E. (1959): Der schöpferische Mensch und die große Erfahrung. Zürich: Rhein
Buber, M. (1928): Die Chassidischen Bücher. Hegner, Hellerau

Dr. Dr. Erich Neumann, geb. 1905 Berlin, gest. 1960 in Tel Aviv . Er gilt als bedeutendster Schüler C. G. Jungs und hat zentrale Ansätze der Analytischen Psychologie systematisiert, wesentlich differenziert und erweitert. Seine Arbeitsschwerpunkte waren insbesondere die Tiefenpsychologie des Weiblichen, die Entwicklungsgeschichte des Bewusstseins und das Wesen des Schöpferischen und des Transpersonalen.

das schöpferische

Die Berufung,
der Auftrag, das Widerstreben

Besondere Fertigkeiten
Waffen, Tiere

Der Weg,
die Anfangsabenteuer

Besondere Lehrmeister

Der Schattenbruder

Die Widersacher,
die Hadesfahrt

Frühe Begabung,
bedrohte Kindheit

Ungewöhnliche Empfängnis,
Schwangerschaft und Geburt

Der Kampf
auf Leben und Tod

Der Sieg, die Erlösung

Die Reise des Helden

Der schöpferische Wandlungszyklus (6)

Der Ethnologe Leo Frobenius hat bereits 1904 die verschiedenen Motive der Heldenmythen unter der Bezeichnung *Nachtmeerfahrt* und *Walfischdrachenmythen* zusammengefasst, der Psychotherapeut Otto Rank 1909 eine *Durchschnittssage* von der Geburt und Kindheit des Helden konstruiert, C. G. Jung die Parallelen der Heldenreise zum Individuationsprozess aufgezeigt, Erich Neumann die Beziehung zur allgemeinen Bewusstseinsentwicklung des Menschen gesehen und der Mythologe Joseph Campbell (erstmals 1949) die typischen Stadien der Heldenfahrt in einem Kreisdiagramm schematisch angeordnet. Es ist ein archetypisches Muster, das sich nicht nur in der klassischen Literatur, sondern bis heute fast regelmäßig und nur mit geringen Abweichungen in entsprechenden Abenteuer- und Actionfilmen und Computerspielen aufzeigen lässt. Der positive Held steht für den mutigen Menschen, der es wagt, sich und seiner Bestimmung treu zu sein, der sich um eine gesellschaftliche Erneuerung, um schöpferische Lebensbewältigung und Bewusstseinserweiterung bemüht. Das Muster sieht so aus:

Nachdem der Held oder die Heldin nach bedrohter Kindheit und intensiver Übung in der Jugend eine ausreichende bewusste Persönlichkeitsstabilität erreicht haben, werden sie durch ihre Berufung in unbekannte und bedrohliche Lebensbereiche geführt („Nachtmeerfahrt") und müssen sich neuen, unbekannten, meist sehr gefährlichen Aspekten des Lebens stellen. Hilfe erhalten sie von Begleitpersonen und Begleittieren. Auf dem Höhepunkt der Krise, dem Kampf mit dem Widersacher und in der größten Todesnähe, kommt es dann – wenn es gut geht – zur Lösung, zur Wende, zum Sieg und zur Wiederauferstehung.

Die Gefahr ist überwunden, ein neuer Tag bricht an, Zukunftsperspektiven eröffnen sich, Held und Heldin finden sich, zeugen neues Leben. Ein weiterer Kreislauf kann beginnen (vgl. dazu auch Müller, L. (2013): Der Held – Jeder ist dazu geboren).

Das Schöpferische in der Entwicklung

Margarete Leibig[1]

Schöpferische Entwicklung geschieht von Beginn des Lebens an, wenn sich Samen und Eizelle finden, bis hin zum Sterben, wenn wir die Augen schließen und in die Ewigkeit eingehen. Das Schöpferische ist, in der Sprache C. G. Jungs, ein archetypisches Geschehen. Das bedeutet, es ist physiologisch und psychologisch angelegt.

Der Dreiklang Körper, Seele und Geist vollzieht sich permanent in der Entwicklung eines Menschen. Der schöpferische Impuls geschieht also, weil er in uns angelegt ist.

Was wir daraus machen, ist unsere Entwicklungsaufgabe. Es gibt einen großen Teil, den wir schöpferisch gestalten können, positiv wie destruktiv. Der schöpferische Impuls ist die Möglichkeit und braucht Resonanz im Innen und im Außen. Dann kann die Kreativität sich umsetzen, denn Kreativität will ins Leben. Sie setzt um, schöpft aus den Tiefen und entfaltet sich äußerst vielfältig, sei es in der Musik, im Tanz, in der Literatur, im Theater, im Sport, im Beruf, in der Paarbeziehung und Familie und in vielen anderen Bereichen des täglichen Lebens. Auch im Schattenbereich ist sie zu finden. Denken wir an das weite Feld der Kriminalität, die aus den dunklen Seiten des Menschen erwächst.

Am Anfang war... So beginnen viele Schöpfungsmythen. Es folgen dann erst einmal Trennungen. Himmel und Erde trennen sich, ein Kind erblickt „das Licht der Welt", wird aus dem Dunkel ins Licht geboren und das Baby

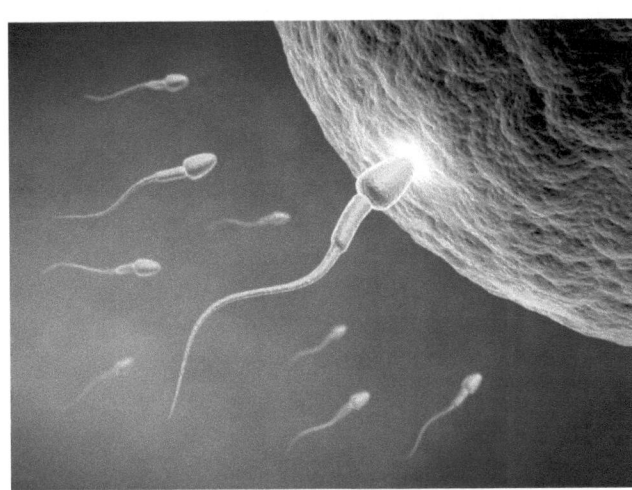

Foto: Sashkin (www.fotolia.com)
Bereits die Zeugung eines Menschen ist eine Heldenreise, in der sich viele kleine Hoffnungsträger auf den Weg in die Dunkelheit machen, suchen und irren, bis einer von ihnen das ersehnte Ziel, die „schwer erreichbare Kostbarkeit" findet, sich mit der Königstochter vereinigt und in ein höheres Leben hinein geboren wird.

wird von der Nabelschnur der Mutter getrennt. Junge Menschen trennen sich von ihren Eltern, damit sie autonom ihr Leben gestalten können. Die ganz große Trennung aus dem materiellen Leben ist der Tod. Und auch das Sterben wird bei manchen Mystikern als Geborenwerden in die Ewigkeit bezeichnet, also als Trennung in eine immaterielle Welt gesehen.

Das Schöpferische in der Entwicklung des Menschen

Was C. G. Jung als ein visionärer Mensch schon vor hundert Jahren praktiziert hat, erweist sich heute als wissenschaftstauglich. Damit ist vor allem der Umgang mit Bildern, Imaginationen und Symbolen gemeint. Die Erkenntnisse der Neurobiologie und der Hirnforscher zeigen: Das Gehirn kann gar nicht anders als Bilder produzieren, es bildet fort-

---

[1] Vortrag zur Einweihung der Tübinger Praxis-Dependance für Ausbildungskandidaten des C. G. Jung-Instituts Stuttgart, 25.09.15

während. Das heißt, es ist fortwährend schöpferisch.

Im Folgenden stelle ich vier Aspekte des Schöpferischen vor:

1. Das Schöpferische als Prinzip- als Archetyp
2. Das Schöpferische als Impuls
3. Das Schöpferische als Prozess
4. Die schöpferische Haltung

1. Das Schöpferische als Prinzip, als Archetyp

C. G. Jung war selbst ein ausgesprochen schöpferischer Mensch. In Krisenzeiten hat er sich zurückgezogen, hat gespielt, gemalt und Steine behauen, um aus schwierigen Lebenssituationen neue Wege zu finden. Anschließend hat er diese Prozesse reflektiert.

Ginkgo, Luxembourg City (www.wikimedia.org)

An sich selbst und an seinen Patienten hat er beobachtet, was helfen kann, um aus erstarrten Situationen, die wir Neurose nennen, herauszufinden und schöpferisch zu werden. Seine Grundannahme ist:

Das Schöpferische lebt und wächst im Menschen wie ein Baum im Boden, dem er seine Nahrung abzweigt. Wir tun (daher) gut daran, den schöpferischen Gestaltungsprozeß wie ein lebendiges Wesen anzusehen, das der Seele des Menschen eingepflanzt ist.

Kast, Egner 2002, S. 18.

Damit ist das schöpferische Prinzip gemeint, das ich eingangs als archetypisches Geschehen bezeichnet habe. Wenn wir mit uns in Übereinstimmung sind, gut im Fluss sind, dann gibt es inneren Raum für dieses archetypische schöpferische Prinzip.

Wir haben Ideen; wenn etwas im Außen geschieht, können wir damit umgehen, es entfaltet sich etwas Neues, und wir können uns daran freuen. In solch einem fließenden Prozess erleben wir uns schöpferisch und lebendig.

Das Bild des Baumes, das Jung verwendet, wird als ein Urbild bezeichnet, als ein archetypisches Bild. Poetisch drückt Hermann Hesse es so aus:

Ein Baum spricht: In mir ist ein Kern, ein Funke, ein Gedanke verborgen, ich bin Leben vom ewigen Leben. Einmalig ist der Versuch und Wurf, den die ewige Mutter mit mir gemacht hat, einmalig ist meine Gestalt und das Geäder meiner Haut, einmalig das kleinste Blätterspiel meines Wipfels und die kleinste Narbe meiner Rinde. Mein Amt ist, im ausgeprägten Einmaligen das Ewige zu gestalten und zu zeigen.

zit. nach Götz-Goerke 2007, S. 15

In die psychologische Sprache Jungs übersetzt, kann der Kern als das „Selbst" verstanden werden, in dem alles enthalten ist und über den Funken schöpferisch auf der Ich-Selbst-Achse (ein Begriff von Erich Neumann) in die Ich-Entwicklung einfließen. Gleichzeitig ist der Mensch, das Selbst als Archetyp, ein Teil des kollektiven Unbewussten der Menschheit: einmalig als Mensch und eingebunden in die Ewigkeit des archetypischen Geschehens.

Arche ist das griechische Wort für Ursprung oder Beginn und wurde als Erstes von dem griechischen Philosophen Platon (428–348 v. Chr.) benutzt und von C. G. Jung schließlich für die Psychologie weiterentwickelt. Archetypen äußern sich in kollektiven Bildern, zu denen aber der einzelne Mensch unmittelbaren Zugang hat und über die er die Wirkmacht der Archetpen erfahren kann.

Vogel 2015, S. 23

Foto: cicisbeo (www.fotolia.com)

das schöpferische

So ist es mit dem schöpferischen Prinzip: Jeder von uns hat qua Biologie und Psychologie unmittelbaren Zugang zu den archetypischen Quellen in sich, wenn sie nicht im Verlauf der Entwicklung blockiert oder zugeschüttet wurden. Das sind dann die neurotischen Störungen, die wir in der Praxis behandeln.

C. G. Jung hat sich immer wieder in sein Haus nach Bollingen, am Züricher See, zurückgezogen, um schöpferisch zu werden. Am Wasser, täglich den See vor Augen, also mitten in der Natur, arbeitete er am Stein.

Ich glaube, das ist ein wichtiger Punkt in unserer heutigen, mit Reizen überfluteten virtuellen Welt: Wie finden wir innere Räume, wie finden wir die Zeiten der Stille und der Ruhe, in denen es **aus uns** schöpferisch werden kann.

Der Zeitgeist des neuen Jahrtausends hat mit dem Burnout-Syndrom eine Erkrankung hervorgebracht, die mit einem eklatanten Mangel an Ruhe und Muse einhergeht. Und nicht umsonst lernen die Patienten in stationären Therapien als erstes Selbstfürsorge kennen sowie Achtsamkeitsübungen und Meditation, um das Erregungsniveau abzusenken und innere Räume für schöpferische Entwicklung wiederzufinden.

Manche Menschen haben allerdings auch die besten Ideen beim Joggen oder beim Wandern oder Walken. Welche Räume wir brauchen, um schöpferisch werden zu können, ist sicherlich verschieden. Wichtig ist, dass wir uns überhaupt bewusst diese Räume verschaffen.

Dennoch wird die Dialektik des Lebens uns wohl immer begleiten. Ruhe und Erregung/Neugier/Aufregung sind eine Polarität.

2. Das Schöpferische als Impuls

Kinder lassen ihren schöpferischen Impulsen im Spiel freien Lauf. Im Kontext einer sicheren Bindung im ersten Lebensjahr kann ein Neugierverhalten entstehen und sich die Fähigkeit entwickeln, etwas Neues auszuprobieren. Es entsteht auch der Impuls, etwas Altes zu zerstören. Denken Sie daran, mit welcher Freude Kleinkinder einen Turm aufbauen und ihn wieder zerstören. Kinder setzen im Spiel schöpferische Impulse ganz selbstverständlich um. Deshalb ist das kindliche Spiel auch so heilsam. Es gibt Raum, um Lösungen fürs Leben zu erproben. Es wird aufgebaut, gespielt und wieder zerstört und wieder aufgebaut.

Also auch die Zerstörung ist ein Teil des Schöpferischen. Mit diesem Teil umzugehen, der unendlich viel Leid unter die Menschen bringt, ist eine zentrale Aufgabe der Kultivierung unseres Menschseins. Wir kennen alle die erschütternden Bilder der weltweiten Kriege, der Gewalt in Familien, wir wissen um das Leid des sexuellen Missbrauchs an Kindern. Dieser Teil braucht einen bewussten Umgang und verlangt von uns kulturelle Entwicklung, seit es Menschen gibt.

Ich möchte hier auf den trennenden Aspekt des Schöpferischen eingehen, der in der menschlichen Entwicklung notwendig ist.

Die Fähigkeit, sich von etwas zu trennen, ist ein wesentlicher Impuls im gesamten schöpferischen Prozess, das heißt, auch im ganzen Lauf des Lebens eines Menschen.

Man kann dabei durchaus an viele kleine Trennungen im Alltag denken. Denken Sie daran, wie schwer es oft für Frauen ist, den Kleiderschrank durchzuforsten und sich von so manchem Lieblingsstück zu trennen, selbst wenn wir es längst nicht mehr tragen.

Ich berichte nun von einem klinischen Beispiel einer Trennung mit einem ausgesprochen schöpferischen Impuls. Es geht um ein zehnjähriges Mädchen, ich nenne sie Sarah.

Es war die letzte Stunde vor den Sommerferien, und der Abschluss der Therapie nach zwei Jahren stand an. Gleichzeitig stand der Abschied von der Grundschule bevor.

Ich spreche den Abschied an und frage: Wie ist das heute für dich, die letzte Stunde?" Sarah: „Ich weiß nicht... Komisch!" In der Gegenübertragung ist die Unsicherheit, auch Trauer spürbar. Nach einer längeren Pause frage ich: „Fällt Dir vielleicht ein Bild zum Abschied ein oder ein Symbol?"

Wieder ist eine Pause, dann sagt sie spontan: „Kann ich Farben und ein Papier haben?" Und sie fängt an zu malen. Sie malt einen doppelten Menschen, der eine Teil lacht, dann dreht sie das Bild um und malt den weinenden Teil. Sie ist in dieser Zeit des Malens in der Gegenübertragung spürbar heiterer und zeigt mir nach 20 Minuten ihr Bild: „Schau mal", beginnt sie, „da freu ich mich."

Sie hat dazu geschrieben: „Zukunft ist toll. Man entdeckt was Neues und wird größer, findet neue tolle Freunde und geht immer einen Schritt weiter. – Und das ist der traurige Teil. Der sagt: Sich aber von der Vergangenheit zu verabschieden, kostet viel Kraft, die Freunde von der Grundschule usw. liegen hinter Einem!"

Das Bild ist insgesamt von einer traurigen Grundstimmung gefärbt, das wird in der dunklen Farbe deutlich. Sie konnte jedoch mit dem traurigen Gefühl des Abschieds schöpferisch werden, ihr Gefühl in eine Ich-Aktivität aufnehmen und gestalten.

Hier zeigen sich bei Sarah ihre schöpferischen Impulse aus dem Unbewussten. Sie hat den Doppelaspekt der Trennung **und** des Neuen, die Polarität und damit die Gegensatzspannung im Symbol aufgenommen.

So ist es auch bei uns Erwachsenen, wir finden mitunter über ein Symbol oder einen Traum Lösungen für unsere Lebensprobleme, auch wenn uns vielleicht schwierige Situationen durch ihre Polarität in große Ambivalenz stürzen.

Eine Zeit des Übergangs ist eine Zeit des Werdens, und die Trennung und der Abschied sind beide ein Teil des Neuen. Über schöpferische Impulse entsteht der schöpferische Prozess und neue Wege tun sich auf.

Bei Sarah zeigt sich in diesem Entwicklungsschritt ein neuer Aspekt ihrer Identität. Aus der Grundschülerin Sarah wird ein Mädchen, das offen ist für die weiterführende Schule.

Eltern kommen mit ihren Kindern in Psychotherapie, wenn die schöpferischen Impulse blockiert sind, wenn Kinder keine Lösungen finden, wenn sie morgens vor der Schule immer Bauchweh haben oder Ängste beim Einschlafen und Ähnliches. Erwachsene suchen therapeutische Unterstützung, wenn sie sich in einer Sackgasse fühlen, sich unglücklich fühlen und Symptome entwickeln, die eine Krankenbehandlung notwendig machen.

Das heißt, Menschen suchen therapeutische Unterstützung, wenn in einer ausweglosen Situation keine schöpferischen Möglichkeiten mehr gefunden werden können.

Deshalb sind die inneren Räume für schöpferische Impulse so wichtig, auch für unsere physische und psychische Gesundheit. Sie können ein wesentlicher Teil unserer Selbstfürsorge sein. Auch bei Kindern plädiere ich sehr dafür, dass Kinder nicht zu sehr verplant sind oder ständig von Erwachsenen bespielt werden müssen, sondern auch Langeweile haben dürfen, in denen ihr schöpferisches Potenzial wieder erwachen kann.

3. Der schöpferische Prozess

Der schöpferische Prozess geschieht in der Psychotherapie über spontane Impulse aus dem Hier und Jetzt oder anders ausgedrückt aus dem intermediären Raum zwischen Patient und Therapeuten. Sie können sich in Bildern zeigen, wie bei Sarah, oder auch in Träumen, in einer freien Imagination, im therapeutischen Sandspiel, über ein Bild aus der Kunst oder auch über Bilder aus Filmen oder Literatur.

Der Weg in den schöpferischen Prozess ist so unterschiedlich, wie Menschen verschieden sind. Kinder bringen auch mal etwas von zu Hause mit in die Therapiestunden, sei es ein Buch, ein Kuscheltier oder ein Lieblingsspielzeug, und wir können daran anknüpfen und spielerisch schöpferische Prozesse initiieren.

Natürlich haben auch wir die Aufgabe, mit dem Symbol schöpferisch umzugehen. Wir wissen ja heute, dass über die Spiegelneuronen viele Prozesse angeregt werden, im Positiven wie im Negativen.

Bei einem Symbol, das im Traum auftaucht, kann auf jeden Fall nach weiteren Assoziationen gefragt werden. Es können dann plötzlich noch ganz andere Bilder und Themen auftauchen. Dies können Bilder sein, die mit der Geschichte des Patienten zu tun haben, mit seinen Blockaden und Erstarrungen, die ihn zu uns geführt haben. So wandeln sich auch neurotische Fixierungen. Es können jedoch auch Bilder entstehen, die auf etwas Drittes, auf neue Lösungen hindeuten. Über diese erweiternden Fragen werden Themen bearbeitet und Ressourcen im Patienten wach. Gefühle der Erstarrung können sich verwandeln und verlebendigen sich.

Verena Kast schreibt dazu: *Dieser schöpferische Impuls gestaltet auch die Persönlichkeit. C. G. Jung sagt pointiert: „In creation you are created." Im schöpferischen Prozess*

Sandspieltherapie (www.wikimedia.org)

wird auch die eigene Persönlichkeit gestaltet (zitiert nach Kast, Egner 2002, S. 18).

4. Schöpferische Haltung

Heute wissen wir, ein wesentlicher wirksamer Faktor in der Therapie ist die Passung und eine gute neue Beziehungserfahrung. Es ist interessanterweise nicht die Methode oder die Technik, die Erfolg in der Therapie verspricht, sondern die Qualität der Beziehung.

In der Analytischen Psychologie werden Menschen zu einer schöpferischen Haltung angeregt, weil es sich gezeigt hat, dass über Bilder, Symbole und Imaginationen seelische Kräfte frei gesetzt werden.

Die Libido als vitale Lebensenergie des Menschen kommt über Symbole und Bilder wieder ins Fließen. Menschliche Probleme sind zwar individuelle und Schmerz und Leid führen uns ganz zu uns selbst. Es werden jedoch individuelle Themen über allgemeine Bilder und Symbole in einen weiteren Horizont gestellt. Deshalb sprechen uns auch heute noch Mythen und Märchen an sowie Bilder aus längst vergangenen Zeiten.

Zum Experimentieren, damit etwas verflüssigt wird, braucht es eine schöpferische Haltung. Für die Überwindung neurotischer Störungen ist die allmähliche Offenheit für das Fremde, das Unbekannte und das Neue unerlässlich. Wir entdecken das Fremde in uns immer wieder, es kommt uns jedoch auch im Außen entgegen. Wenn wir an die derzeitige Flüchtlingssituation denken, dann braucht es in ganz großem Ausmaß einen schöpferischen Umgang mit einer völlig neuen Situation, sowohl vom Kollektiv, also von der Gesellschaft, als auch von uns, den einzelnen Menschen.

Jung spricht vom Schöpferischwerden als einem Verflüssigungsprozess, im Gegensatz zum Verharren im Gewohntem und einem erstarrten Umgang mit unseren Lebensthemen,

Foto: deorenrobinson (www.pixabay.com)

was in die Resignation und Depression führen kann. Die schöpferische Haltung meint eine Offenheit, die sich nach Außen und nach Innen zeigt, besonders auch gegenüber unseren Träumen. In ihnen werden unsere Schattenanteile angesprochen, tauchen Symbole und Fantasien auf, die uns zunächst fremd sind, die wir so nicht erwartet haben. Dann braucht es die schöpferische Haltung, um weiter zu denken, weiter zu fühlen und die Bilder auf interpersonaler Ebene zu verstehen, also im Blick auf die Beziehungen, die wir haben.

Und es geht darum, intrapsychisch einen Zugang zu den Symbolen und Bildern zu finden, d. h. zu fragen, welche Anteile in mir werden im Traum angesprochen, werden durch die Symbole repräsentiert und was will in mir lebendig werden? Und welche archetypischen Themen werden z. B. im Traum angesprochen?

Das ist eine schöpferische Haltung, unsere Träume auf verschiedenen Ebenen zu betrachten und sie darüber zu uns sprechen zu lassen als einen inneren Beziehungsvorgang. Dabei geht es um eine Entwicklung auf der Ich-Selbst-Achse, um dem Individuationsprozess Raum zu geben, im Sinne, werde der Du bist.

Eine schöpferische Haltung braucht auch das Wissen um Zeit, um das Wissen, dass es den richtigen Zeitpunkt, Kairos, braucht, damit etwas Neues entstehen kann.

Ich werde im Folgenden die Praxiseinweihung, die wir heute würdigen und feiern, in die Geschichte des C. G. Jung-Instituts Stuttgart einbinden. Wir können sehen, dass es auch in einer Organisation wie dem C. G. Jung-Institut, das in der Analytischen Psychologie C. G. Jungs gegründet ist, möglich ist, ganz konkret kreativ zu werden, Räume zu schaffen und Entwicklung zu unterstützen, damit sich das Schöpferische im Menschen konstruktiv entfalten und in die Welt gebracht werden kann.

Die schöpferische Entwicklung einer Organisation

Die Geschichte des C. G. Jung-Instituts Stuttgart beginnt ebenfalls mit einer Trennung. Das Institut war bis 1972 ein Fachbereich an der Akademie für Tiefenpsychologie in Stuttgart gewesen, bevor die Trennung von der Akademie vollzogen wurde und ein eigenes Institut gegründet wurde. Die Gründergeneration hat sich damals erst in der Silberburgstraße, in einer Kellerwohnung mit Möbeln aus dem Sperrmüll niedergelassen, erzählte erst vor kurzem Theodor Seifert, und ist dann kurze Zeit später in die Alexanderstraße umgezogen.

Dort sind die Ambulanz des C. G. Jung-Instituts und Unterrichtsräume bis heute angesiedelt. Eine Etage tiefer gibt es Behandlungsräume für die Ausbildungskandidaten, sowie einen multifunktionalen Gewölbekeller für verschiedenste Veranstaltungen, wie eine Reihe „Film im Keller", Malen aus dem Unbewussten und vieles andere mehr.

Die nächste Generation wurde wiederum schöpferisch, hatte neue Visionen und mietete zusätzlich zur Alexanderstraße in Stuttgart zwei Etagen in der Tübinger Straße 21. Hier wurde die C. G. Jung - Gesellschaft schöpferisch.

Über die analytische Ausbildung hinaus, die nach wie vor das Herzstück des C. G. Jung-Instituts ist, wurden in der weiteren Entwicklung Konzepte erstellt, die für interessierte Laien sind. Fortbildungen der C. G. Jung-Gesellschaft kamen hinzu, Traumseminare, Aktive Imagination, Spiritualität, Malen aus dem Unbewussten, das therapeutische Sandspiel, und seit sechs Jahren gibt es einmal monatlich Montag Abend gut besuchte öffentliche Vorträge unter dem Titel „Jung am Abend". Es wurden in den letzten Jahren eine Menge von Ideen umgesetzt, und in der Tübinger Straße sind inzwischen weitere Etagen gemietet

Wir haben derzeitig 103 Ausbildungskandidaten, mit ambulanten Behandlungsmöglichkeiten für den zweiten Teil der Ausbildung.

Dann gab es wiederum neue Visionen. Sie sehen, das C. G. Jung-Institut hat mutige, sehr fleißige und ausgesprochen schöpferische Kollegen und Kolleginnen.

Eine Arbeitsgruppe im Institut hatte schon einige Jahre an einem Konzept zu einem Hochschulstudiengang gearbeitet. Zur Umsetzung fehlte schlicht und ergreifend das Geld, und es wurde nach einem finanziell gut aufgestellten Kooperationspartner Ausschau gehalten.

Vor zwei Jahren startete der Studiengang „Angewandte Psychologie, BA" in Kooperation mit dem IB, das ist der Internationale Bund für Sozialarbeit. Junge Menschen können nach dem Abitur bei uns Psychologie studieren, ohne Numerus clausus. Ein Vorgespräch ist notwendig. Aber auch ältere Menschen sind im Studium willkommen. Das Projekt läuft jetzt im vierten Semester, mit 20-30 Studenten pro Semester, im Alter zwischen 20 und 55 Jahren.

Die Behandlungsräume im Haus, in denen die Kandidaten ihre Therapien für die Analytische Ausbildung durchführen können, wurden immer knapper. Auch um die langen Fahrten zum Institut abzukürzen, wurde vor drei Jahren in Freiburg eine Praxis-Dependance gegründet und schließlich vor knapp zwei Jahren hier in Tübingen. Der Weg führte also von der Tübinger Straße 21 in Stuttgart hierher nach Tübingen, in dieses schöne Haus im Schönblick.

Sie sehen, auch Organisationen und soziale Systeme können eine schöpferische Entwicklung haben, vorausgesetzt, es gibt für diesen kreativen Prozess innere Räume bei den Menschen dieser Organisationen und die Bereitschaft, die schöpferischen Ideen mit viel Einsatz und Engagement umzusetzen. Zum schöpferischen Prozess in der Entwicklung gehört schon auch das Umsetzen in die Praxis.

Wir können unseren Kollegen und Kolleginnen für die Umsetzung der Ideen in die Praxis nur von Herzen danken. Es ist wirklich sehr, sehr viel ehrenamtliches Engagement notwendig, damit das C. G. Jung-Institut Stuttgart so lebendig sein kann und Projekte, wie diese Praxis hier, entstehen können. Ich wünsche den Menschen, die hier in diesem Haus arbeiten, eine schöpferische Haltung und Neugier auf das Neue.

Den Menschen, die hier im Haus Unterstützung suchen, wünsche ich eine heilsame schöpferische Entwicklung.

Zum Schluss möchte ich einen Text aus einem Pelasgischen Schöpfungsmythos vortragen, das uns wieder ganz an den Anfang meiner Ausführungen zurück bringt:

Am Anfang wir Eurynome,
die Göttin aller Dinge.
Nackt erhob sie sich aus dem Chaos.
Aber sie fand nichts Festes,
darauf sie ihre Füße setzten konnte.
Sie trennte daher das Meer vom Himmel
Und tanzte einsam auf seinen Wellen.
…Dann nahm Eurynome
die Gestalt einer Taube an,
ließ sich auf den Wellen nieder
und legte zu ihrer Zeit das Weltei.
Auf ihr Geheiß wandt sich Ophion
Siebenmal um dieses Ei,
bis es ausgebrütet war und aufsprang.
Aus ihm fielen all die Dinge,
die da sind:
Sonne, Mond, Planeten, Stern,
die Erde mit ihren Bergen und Flüssen,
ihren Bäumen, Kräutern und lebenden Wesen.

zitiert nach Seifert 1986, S. 39

Literatur
Kast, V. (2002): Schöpferisch werden: Wege und Ziele des Individuationsprozesses. In: *Egner, H. (Hrsg.) (2002):* Das Schöpferische, von der Überwindung der Resignation. Olten: Walter
Götz-Goerke, M. (2007): Psychoanalytische Therapie mit früh traumatisierten Patienten. Asanger
Vogel, R. T. (2015): Der Tod ist groß, wir sind die Seinen. Düsseldorf: Patmos
Seifert, Theo (1986): Weltentstehung. Die Kraft von tausend Feuern. Stuttgart: Kreuz

Margarete Leibig
Analytische Kinder- und Jugendlichenpsychotherapeutin, Traumatherapeutin, Paartherapeutin, niedergelassen in eigener Praxis in Ammerbuch, Dozentin und Supervisorin am C. G. Jung-Institut Stuttgart, langjähriges Vorstandsmitglied der Deutschen Gesellschaft für Analytische Psychologie.

Malen aus dem Unbewussten

Kreative Prozesse in der Psychotherapie mit Kindern und Jugendlichen

Astrid Müller

Kinder- und Jugendliche wachsen heute in einer Gesellschaft auf, in der stete Veränderungen sowohl auf gesellschaftlicher wie individueller Ebene zur Normalität gehören. Das Leben der Kinder und das ihrer Familien ist von Erfahrungen mit Veränderungen und nicht selten von Brüchen geprägt. Manchmal erleben Kinder und Jugendliche solche Veränderungsprozesse als kritische Lebensereignisse, deren Bewältigung die persönliche Entwicklung voranbringen, aber auch erschweren können, die Freude und Neugier auf das Neue ebenso hervorbringen können, wie Verunsicherung oder Angst.

Es sind Lebensphasen, die von hohen Anforderungen, Veränderungen der Lebenswelten und einer Änderung der Identität geprägt sind und mit einer Häufung von Belastungsfaktoren einhergehen. Die Anpassung an die neue Situation muss geleistet und bewältigt werden, nicht selten in sehr kurzer Zeit. Hinzu kommen Belastungen, die die Eltern durch Veränderungen, Brüche und neue Lebenssituationen zu meistern haben, die auch die Kinder verunsichern und ängstigen können.

Sehr oft begegnen uns Kinder und Jugendliche in unseren therapeutischen Praxen, die Unterstützung und Stärkung brauchen, oft eine lange innere Nachreifungszeit, um die Entwicklungsaufgaben selbstbestimmt und eigenaktiv bewältigen zu können. S. Hebenstreit (1995) nennt markante Entwicklungsthemen

Malwand im Therapieraum der Autorin

und damit verbundene Entwicklungsaufgaben, die jedes Kind zu bewältigen hat, wie z. B.: „Ich bin ein Junge, ich bin ein Mädchen." (männliche, bzw. weibliche Identitätsentwicklung); „Ich habe Zärtlichkeit, aber auch Aggression." (Umgang mit Affekten, Affektkontrolle); „Ich habe Angst, ich fühle Geborgenheit" (Fähigkeit zur Selbstberuhigung); „Ich bin nicht allein auf der Welt." (Orientierung am Du – Erlernen von Beziehungsfähigkeit, Bezogenheit); „Ich bin nicht nur heute." (Fähigkeit zur Reflexion in Bezug auf das eigene Handeln, Denken und Fühlen, sowie zur Planung und Zielsetzung für die Zukunft und letztlich zur Erkenntnis der Endlichkeit des Menschen).

Verbunden ist damit die beständige Ich-Entwicklung in der Verbindung zum Selbst auf der Ich-Selbst-Achse. Malen und Gestalten ist, neben vielen anderen Methoden, eine Möglichkeit in der therapeutischen Arbeit, die wir Kindern und Jugendlichen anbieten können, sich diesen Themen und deren Bewältigung zu nähern. Die genannten Entwicklungsprozesse und -themen und ihre mögliche Nicht-Bewältigung sind nicht selten schon im Initialbild in den ersten Stunden für den therapeutisch Arbeitenden sichtbar.

Malen aus dem Unbewussten mit Kindern und Jugendlichen im therapeutischen Prozess

Für den Dialog mit der seelischen Innenwelt braucht es einen geschützten Raum – den „therapeutischen Raum", innerlich und äußerlich, den „gehaltenen" Raum. Es braucht die Beziehung zum Therapeuten, ein sogenanntes geschlossenes Gefäß, das C. G. Jung das „vas hermeticum" nannte. Hier kann Nachreifung, „Nachbemutterung", „Containing" erfahren werden. Auch der Therapeut selbst wird oft symbolisch besetzt in der Übertragungsbeziehung und wird z. B. zur „archetypischen" Mutter, Vater, Heiler, Großmutter/Großvater.... Die Qualität der therapeutischen Beziehung ist für den Prozess einer erfolgreichen Therapie der entscheidende Wirkfaktor. Der Analytiker stellt eine Beziehung zum Patienten her, die über eine bewusste Beziehung hinausgeht und einen unbewussten Dialog zwischen seiner Intuition und der oft verschlossenen und unbewussten Sprache der Bilder umfasst.

Der Bezugsrahmen der Therapie ist der aktuelle und lebensgeschichtliche Kontext eines Kindes oder Jugendlichen. In diesem Kontext ist die Therapie für C. G. Jung weniger Behandlung als vielmehr Entwicklung der im Patienten liegenden schöpferischen Keime. Dies gilt gleichermaßen für Erwachsene wie für Kinder- und Jugendliche. Es geht darum, dem

Unbewussten erlauben zu sprechen, seinen Botschaften ungeteilte Aufmerksamkeit zuzuwenden, damit Bewusstes und Unbewusstes in Dialog treten können und die Psyche ihre Fähigkeit zur Selbstregulation entfalten kann.

Die schöpferische Selbstregulation unserer Seele ist nicht an der Vergangenheit interessiert, sondern zielt auf eine Bewältigung des Gegenwärtigen und des vorweggenommenen Zukünftigen hin. Kinder haben noch einen natürlichen Zugang zur Welt der Bilder, zum schöpferischen Ausdruck mit Farbe, Pinsel und Papier. Jugendliche hingegen brauchen besondere Ermutigung dort anzudocken, wie sie sich als Grundschulkinder beim Malen erlebt haben.

In der tiefenpsychologisch fundierten Therapie mit Kindern und Jugendlichen liegt der Fokus auf der Ich-Stabilisierung und der Bearbeitung eines oder mehrerer Komplexfelder. Das Malen von Bildern kann hier auch hin und wieder zu bestimmten Themen erfolgen, geführte Imaginationen helfen Jugendlichen, die sich im Malen eher unsicher erleben, den inneren Bildern anschließend im gemalten Bild Ausdruck zu geben.

In der Analytischen Therapie malen Kinder- und Jugendliche das, was ihnen gerade in den Sinn kommt. Symbole tauchen auf, finden Gestalt und wandeln sich im therapeutischen Prozess. Neue Bedeutungsinhalte kommen dazu.

Emotionen zu erleben, zu differenzieren, zu regulieren und immer bewusster wahrnehmen zu können, ist das zentrale Anliegen im therapeutischen Prozess, das sehr gut über das kreative, schöpferische Gestalten gelingen kann. Das Kind teilt sich auf diese Weise mit, es verarbeitet so, was es neu entdeckt und gesehen und was es erlebt hat. Es stellt dar, was es denkt. Sein Reichtum an Mitteilungsmöglichkeiten scheint so manchmal fast unbegrenzt zu sein. Der bildnerische Ausdruck ist sowohl eine wichtige Möglichkeit zur Bewusstwerdung seelischer Schwierigkeiten, als auch zur Heilung und Überwindung von Konflikten. C. G. Jung drückte es treffend aus in den Worten: *„In creation you are created!"*

Maltherapeutisches und kreatives Arbeiten sind Ich-stabilisierende und -spiegelnde Methoden. Kreative Tätigkeiten helfen den Kindern und Jugendlichen, Selbstheilungskräfte zu mobilisieren, sie helfen, eine schützende Distanz zum bedrängenden Geschehen herzustellen und Lösungsansätze zu entwickeln (vgl. Dorst 2007, S. 17ff.).

Malen eröffnet Zugänge zu den persönlichen Bildern des Unbewussten, zu all dem, was sich im Seelenraum des Kindes oder des Jugendlichen an unbewältigtem Konfliktstoff gesammelt hat, was zunächst zum Schutz verdrängt, unterdrückt oder abgewehrt werden musste und sich jetzt Verbindungen aus der Tiefe des „Sees des Unbewussten" sucht, um an die Oberfläche zu kommen und sich auf die eine oder andere Weise bemerkbar zu machen.

Wenn Bilder aus dem Unbewussten auftauchen, bringen sie unendlich viele seelische Informationen mit. Diese Mitteilungen legen das Unbewusste und die damit verbundene Energie offen.

Bilder haben eine kathartische Wirkung, das bedeutet, dass das dargestellte Symbol innere psychische Energie in Bewegung bringt und so ein Heilungsprozess angeregt werden kann. C. G. Jung weiß um die Bedeutsamkeit des Symbols für diesen Prozess. Symbole werden zum Projektionsträger für unbewusste seelische Inhalte. Wenn z. B. im gemalten Bild die Baumkrone Feuer gefangen hat, so kann dies ein Hinweis auf eine innere seelische Not des Kindes oder Jugendlichen sein.

Bilder zeigen auf diese Weise im dargestellten Symbol oft einen Zusammenhang zur Symptomatik des Patienten. Auftauchende Symbole in den Bildern tragen Botschaften an das Bewusstsein heran, sie sind gegensatzvereinend und können damit sinnstiftend sein. Sie können auch Hinweise auf psychische Problemlagen und Konflikte geben. Maltherapeutisches Arbeiten dient der Bewusstseinserweiterung, Symbole lassen die unbewussten Bedeutungsaspekte ins Bewusstsein treten. Wenn wir die Bilder betrachten, verstehen und interpretieren wollen, ist es unabdingbar, sich der seelischen Energie, die das Bild in Form der auftauchenden Symbole „transportiert", auszusetzen und sie ernst zu nehmen. Die Symbole mobilisieren und entbinden psychische Energie in Form von Gefühlen. Sie verdichten, veranschaulichen, schaffen Verbindung zu früheren Erfahrungen und Erinnerungen. Gleichzeitig sind die auftauchenden Gefühle im Bild als Gegenüber gehalten. Sie treten mit dem Betrachter in einen Dialog. Deshalb berühren uns manche gemalten Bilder der Kinder und Jugendlichen tief.

Bilder sind die Sprache der Seele, Ausdruck unserer psychischen Bewegungen und Entwicklungen. [...] In den Bildern werden Emotionen ausgedrückt und gestaltet. Die gestalteten Bilder wirken wieder auf unsere Emotionalität zurück und können sie verändern. [...] Wandlung, Veränderung geschieht durch Emotion.

Kast in Briendl 2008, S. 8

Der Dialog mit dem gemalten Bild – Chancen für den therapeutischen Prozess

Der psychotherapeutische Zugang zu Symbolen erfolgt über bedeutungserschließende Ebenen: Das Symbol selbst eröffnet den Zugang, ebenso das vertiefende Gespräch über den Inhalt der Darstellungen, was vorrangig mit Jugendlichen gut gelingen kann, und schließlich der Vergleich der Bildbotschaften mit aktuellen Spiel- und Verhaltensmustern der Patienten.

Kinder und Jugendliche wählen Symbole, die ihnen passend erscheinen. Eine zwölfjährige Patientin malt z. B. auf dem Hintergrund eines ungelösten Autonomie-Abhängigkeitskonfliktes nach fortgeschrittenem therapeutischen Prozess ein hell leuchtendes, noch etwas verstecktes Schloss auf einem hellgrünen Hügel, welches zwischen zwei mächtigen Bäumen sichtbar wird.

Norbert Bischof (1998) spricht in seinem Buch *Das Kraftfeld der Mythen* von einem emanzipatorischen Trennungsmythos. Der Zustand vor der Trennung beschreibt das Umschlossen-Sein des Ichs vom „Urmedium". Bischof meint damit die „Ur-Eltern", die das Ich beengen und bedrängen, manchmal re-

das schöpferische

Schloss

Im Entstehungsprozess wird deutlich, wie sich die Patientin langsam dieser Energie annähert. Die aggressive Energie kann sich jetzt nach außen richten, sie muss nicht mehr selbstzerstörend wirken – ein Hinweis auf die Ich-Entwicklung mit dem Ziel, sich selbstwirksam und frei zu erfahren. Für C. G. Jung beinhaltet der Drache, den er in Beziehung zum Mercurius der Alchemisten bringt, auch Aspekte des Selbst.

Er [Anm. d. Verf.] deutet auf eine ganz primäre Entwicklung hin. Er beinhaltet ein unvorstellbar großes und vielfältiges Lebenspotential, mit Licht und Dunkelheit. Ein Verdrängen solcher Kräfte könnte fatale Folgen haben, beinhalten sie doch auch Begabungen. Ungelebtes Leben lässt sich auf die Dauer nicht ohne Folgen zurückbinden.

Sigg 1997, S. 8

präsentiert durch die persönlichen Eltern. Das Ich befreit sich, indem es den väterlichen und mütterlichen Aspekt des Mediums auseinandertreibt. Dies ist im Bild gut zu sehen. Die Patientin hat einen sicheren Ort gefunden. Das Ich wird sichtbar.

Dasselbe Mädchen malt einige Wochen später einen grünen Drachen auf blauem Hintergrund. Er fliegt durch die Lüfte und spuckt Feuer. Energie wird sichtbar, Libidokräfte werden wach. Die Patientin traut sich, den neugewonnenen Zugang zu ihren Gefühlen zu zeigen: Aggression (Feuer) und Lebenskraft (grün) treten ins Bild. Noch ist der Drache nach links gerichtet und damit auf das bisherige Leben und die Erfahrungen der Patientin.

Nur wenig später zeigt sich der Drache in anderer Gestalt. Diesmal als roter Feuerdrachen unter einem Halbmond, der hinter den Wolken hervorkommt. Der Drache ist bereit zu fliegen, seine Schwingen sind ausgebreitet. Sein Blick dem Betrachter zugewandt.

Das Rot spiegelt die inzwischen, auch im Patientenkontakt spürbare Libido wider, Aggression wird sichtbar, aber auch sexuelle Energie, denn dieser Drache heißt wie die Patientin selbst. Sie identifiziert sich mit ihrem neu gewonnenen Zugang zu ihren Gefühlen, ohne Angst davor haben zu müssen.

Symbole sind Wegweiser auf dem Weg der Selbstwerdung, der Individuation. Es geht darum, über das dargestellte Symbol Türen zum Bild zu öffnen, Annäherungen zu ermöglichen, die uns seiner Botschaft und damit seinem Geheimnis näherbringen.

Beim Interpretieren der von Kindern und Jugendlichen verwendeten Symbole ist daher

Grüner Feuerdrache

Roter Feuerdrache im Entstehungsprozess

Roter Feuerdrache

große Behutsamkeit geboten. Bei Kindern ist eine Deutung oft noch nicht nötig, sie haben noch einen direkten Zugang zu seelischen Äußerungen. Manchmal eröffnet ein gemaltes Bild einem Kind die Möglichkeit, über Dinge zu sprechen, die belastend sind. Wer das Kind verstehen will, muss seine Sprache verstehen können, sich einlassen können auf dessen Entwicklungsthemen und -aufgaben, wie anfangs beschrieben. Die Interpretation seiner oft vielschichtigen Bilder setzt dieses Wissen voraus.

Gemalte Bilder sind wie Seelenfenster, sie öffnen den Blick für die innere Verfassung des Patienten, heben seine Gefühle und Gedanken, seine Ängste und Hoffnungen ans Licht, sind jedoch nur ein Ausschnitt des Ganzen, ein Teilaspekt der Realität. Die Bereitschaft des therapeutisch Arbeitenden, sich immer wieder neu in jede einzelne Darstellung einzufühlen und in den Kontext zu seiner Lebensgeschichte und psychischen Symptomatik zu setzen, ist notwendig.

Die gemalten Bilder können so zu Verständigungsbrücken werden. Sie helfen Kindern und Jugendlichen, sich selbst besser kennenzulernen, und sie unterstützen sie dabei, sich ihrer Umgebung mitzuteilen. Langsam können im therapeutischen Prozess neben den dunklen, bedrängenden und bedrohlichen Symbolen

helle und ermutigende Bildzeichen auftauchen und als intrapsychischer Entwicklungsprozess des Kindes und Jugendlichen verstanden werden. Es ist die kreative Kraft des Menschen, die Fähigkeit zur Selbstgestaltung, die aus dem Dunkel scheinbarer Aussichtslosigkeit hinauszuführen vermag.

Zugänge zur inneren Welt der Bilder und Symbole zu schaffen und sie für Prozesse der Heilung und Selbstwerdung zu aktivieren, ist ein wesentlicher Teil der Arbeitsmethoden der Analytischen Psychotherapie. Alle kreativen, gestalterischen Prozesse können dazu dienen.

Das Arbeiten mit den gemalten Bildern und den hervorgebrachten Symbolen verändert die innere psychische Landschaft – Komplexe können gelöst oder aufgelöst werden. Durch die Betrachtung und den Dialog mit dem Bild entsteht etwas Drittes, Triangulierendes. Malen und kreatives Arbeiten können für Kinder und Jugendliche zu einem Weg in die Triangulierungsfähigkeit werden und damit zu einem autonomeren Ich führen.

Literatur

Bischof, N. (1996): Das Kraftfeld der Mythen. München

Briendl, Linda (2008): Bilder als Sprache der Seele. Düsseldorf: Patmos

Dorst, B. (2007): Therapeutisches Arbeiten mit Symbolen. Stuttgart: Kohlhammer

Hebenstreit, S. (1995): Kindzentrierte Kindergartenarbeit - Grundlagen und Perspektiven in Konzeption und Planung. Freiburg: Herder

Jung, C. G. (1971): Praxis der Psychotherapie. GW 16. Olten: Walter

Kast, V. (2007): Die Tiefenpsychologie nach C. G. Jung. Stuttgart: Kreuz

Sigg, E. (1997): Die Geburt des Drachen. Zeitschrift für Sandspiel-Therapie, 12/97

Astrid Müller

Analytische Kinder- u. Jugendlichenpsychotherapeutin, Dipl.-Soz.päd., niedergelassen in eigener Praxis in Reutlingen, Dozentin am C. G. Jung-Institut Stuttgart und Zürich sowie an der an der Fachschule für Sozialpädagogik in Reutlingen.

Du musst das Leben nicht verstehen,
dann wird es werden wie ein Fest.
Und lass dir jeden Tag geschehen
so wie ein Kind im Weitergehen von jedem Wehen
sich viele Blüten schenken lässt.

Sie aufzusammeln und zu sparen,
das kommt dem Kind nicht in den Sinn.
Es löst sie leise aus den Haaren,
drin sie so gern gefangen waren,
und hält den lieben jungen Jahren
nach neuen seine Hände hin.

Rilke R. M. 1898

Jung-Stein-Zeit

Klaus Antons

Fotomontage: C. G. Jung und der Stein.
(Quelle: Jung-en-Bollingen-y-piedra-gnóstica)

Einführung

Das Wortspiel dieses Titels fiel mir spontan ein, als ich angefragt wurde, ob ich über meine Arbeit mit Steinen und die damit verbundenen Reifungs- und Integrationsmöglichkeiten schreiben möge. Ich könne doch ankoppeln an die bekannte Tatsache, dass C. G. Jung selbst in Bollingen intensiv mit Steinen gearbeitet habe.

Um das Wortspiel weiterzuführen und es aufzulösen: Sich Zeit für die Bearbeitung von Steinen zu nehmen, hält jung – das ist meine jetzt zwanzigjährige durchgängige Erfahrung. Welche spezifischen Herausforderungen die Arbeit an und mit dieser recht harten Materie stellt, werde ich im Folgenden ausführen.

Wie passt Stein-Zeit dazu? Die Steinzeit wird unterschiedlich datiert, dies auch für verschiedene Teile der Erde. Sie ist die wesentliche Phase der Akkulturation der Menschheit. Grob gilt: Die Altsteinzeit als früheste Epoche der Menschheitsgeschichte wird von 2,6 Millionen bis 12.000, die Mittelsteinzeit bis vor 6.000 und die Jungsteinzeit, das Neolithikum, bis 2.200 v.Chr. gezählt. Vor der Verwendung

von Kupfer, Bronze und Eisen wurden die kulturstiftenden Werkzeuge aus geeigneten Steinarten (Flint, Silex, Feuerstein, Hornstein u.a.) gewonnen, die sich allesamt durch einen scharfkantig-muschligen Bruch auszeichnen. Dies ermöglichte die Herstellung von scharfen Messerklingen, Schabern, Nadeln, Äxten, Beilen, Pfeil- und Lanzenspitzen und anderem mehr.

In der Jungsteinzeit arbeiteten die Menschen bereits ausgesprochen geschickt mit den Steinwerkzeugen und schufen erstaunliche Kunstwerke. Dieser hohe Grad an Kulturentwicklung ging über in die Herstellung und den Gebrauch von Metallwerkzeugen. Zu vermuten ist, dass in dieser Zeit auch viele der Ur-Bilder, der Archetypen, zu denen Jung in seiner Stein-Zeit Kontakt bekam, sich entwickelten.

Carl Gustav Jung, seine Krisen und seine Steine

Wie aus seiner Autobiografie hervorgeht, waren Steine in mehreren Stadien von Jungs Leben bedeutsame Objekte. Aus seinem ersten Lebensjahrzehnt beschreibt er zwei markante Episoden, in denen Steine bedeutsame Träger kindlicher Magie waren (vgl. Jung/Jaffé 1971, S. 26 ff. sowie Onasch 2008).

In seiner großen Lebenskrise, nach der Trennung von Freud, greift Jung im Alter von 37 Jahren das magische Spiel seiner Kindheit wieder auf: Er baut Häuser aus Steinen, die er mit Lehm verbindet. Elf Jahre später, in der nächsten, durch den Tod seiner Mutter ausgelösten Krise, beginnt er 1923 den Bau des Turmes in Bollingen.

Ich mußte meine innersten Gedanken und mein eigenes Wissen gewissermaßen in Stein zur Darstellung bringen oder ein Bekenntnis in Stein ablegen.
Jung/Jaffé 1962, S. 227

Dieses „Bekenntnis" beschäftigt ihn bis ins hohe Alter. Ein „verworfener Eckstein" bringt ihn dazu, Verse in Stein zu meißeln (vgl. ebd., S. 230). Im Alter von 80 Jahren verfertigt er noch eine steinerne Ahnentafel (vgl. ebd., S. 237). Wie stark Steine ihn auf seinem Individuationsweg begleitet haben, mag aus einem weiteren Zitat deutlich werden:

Wann immer ich in meinem späteren Leben stecken blieb, malte ich ein Bild oder bearbeitete Steine.
a.a.O., S. 178

Wenn Jung schreibt, dass er ein Bild malte oder einen Stein bearbeitete, macht das deutlich, dass Bildhauern nicht der einzig mögliche Weg ist. In der heutigen Kunst- und Gestaltungstherapie wird zwar meist mit Medien gearbeitet, die einen rascheren Erfolg versprechen. Daraus wird deutlich: Jung hat seine Stein-Zeit in einer Lebenskrise entdeckt, und sie hat ihm die Möglichkeit gegeben, bisher Unintegriertes in sein Leben zu nehmen.

Das Erdhafte, Stabilisierende, das sinnenhaft im Phänomen „Stein" sich manifestiert, ruft nach einer Auslotung des Symbolcharakters von Stein. Das sprengt jedoch den Rahmen meines Beitrags; ich verweise auf Lurker 1983, S. 653; Cooper 1986, S. 181 ff. und www.symbolonline.de (2015). Ebenfalls nur erwähnen kann ich die Symbolbedeutung, die der Stein bei Jung bekommt, wenn er zum „lapis", dem alchemistischen Stein der Weisen wird.

Meine eigenen Krisenjahre

Bildhauerei hat mich zeitlebens mehr interessiert als Malerei. Das verdanke ich in erster Linie meiner Mutter, die ein Michelangelo-Fan war, und der ich den größten Wunsch ihres Lebens erfüllt habe, als ich 1964 mit ihr eine einmonatige Reise durch Italien und seine Kunst gemacht habe. Für mich selbst war die Zugfahrt entlang der ligurisch-toskanischen Küste einer der Höhepunkte: Erstmals die Appuanischen Alpen zu erblicken, die aussehen, als seien sie vergletscherte Gebirge – in Wirklichkeit Berge voller Marmorsteinbrüche, die seit Römerzeiten betrieben werden und in denen bereits Michelangelo seinen „statuario" ausgesucht hat. (vgl. Abb. 2)

Hier schließt sich der Bogen. Ich schreibe diese Zeilen, 51 Jahre später, in Fiumaretta, in der Nähe von Carrara, auf einem Bildhauerkurs: vor mir das Meer, hinter mir diese Steinbrüche. Heute haben wir im „Michelangelo" zu Mittag gegessen, und ich habe einen zehn Kilo schweren Flusskiesel aus statuario, einem sehr homogenen, reinweißen und kleinkristallinen Marmor gefunden und heute begonnen zu bearbeiten – ein Zusammentreffen von Ereignissen, das Jung vermutlich als Synchronizität bezeichnet hätte.

Zurück zum Beginn dieses Abschnitts: Skulpturen haben mir stets mehr bedeutet als Zweidimensionales. Aber bis zum Herbst 1994 bin ich nicht auf die Idee gekommen, mich der Materie Stein selbst zu nähern. Ich habe die Ägypter und spätere Bildhauer bis hin zu Rodin, Maillol und Giacometti zwar bewundert und studiert. Die Vorstellung, eine derartige Tätigkeit selbst auszuüben, war ausgeblendet. Es war ziemlich genau, wie Jung es beschreibt: Solche Fähigkeiten werden im Erwachsenenalter durch „Lebenswichtigeres" überlagert und werden, wenn man Glück hat, im späteren Lebensalter wiederentdeckt.

Abb. 2: Die Appuanischen Alpen

Die Einblendung erfolgte im Herbst 1994. Der Impuls kam auf der Fachtagung des damals sog. Deutschen Arbeitskreises für Gestaltungstherapie (heute Deutscher Arbeitskreis für Kunst- und Gestaltungstherapie) in Nürtingen, wo Hermann Freund ein Referat hielt mit dem Titel „Über das Auftauchen der Hemmung am Stein". Im Café fragte ich Hermann Freund: „Kann man das bei Dir lernen?" Auf sein freudiges Bejahen hin meldete ich mich gleich zum nächsten Kurs bei ihm an.

Erst im reflexiven Nachspüren wird deutlich, dass es auch bei mir eine krisenhafte Zeit war, in der ich an die Bildhauerei geraten bin. Denn kurz vor dem ersten Bildhauerkurs bei Hermann Freund und Ursula Hirt, genauer am Freitag, den 13. Januar 1995, erwischte uns die Krise: Meine damalige Frau und ich fanden das schöne alte Haus, das wir in siebenjähriger Arbeit miteinander liebevoll restauriert und runderneuert hatten, von oben bis unten vom Wasser durchschwemmt und durchspült, dank einem Rohrleitungsbruch während unserer ferienbedingten Abwesenheit.

Technisch wurde alles wieder gut: Die Versicherung zahlte, und ein verständiger Architekt mit guten Handwerkern stellten im Laufe eines halben Jahres den heilen Zustand wieder her.

Aber das Durchschwemmen des Hauses löste bei meiner Frau – damit in unserem System und auch bei mir – eine Krise aus, in deren Gefolge unsere Ehe zerbrach.

Was war mein Teil dieser Krise? Sechs Wochen nach der Überschwemmung hatte ich den erwähnten ersten Bildhauerkurs, in dem es für mich darum ging, das richtige Maß an Aggressivität zu mobilisieren. Ohne ein aggredi, ein kraftvolles Herangehen an den Stein, ohne die Bereitschaft, wirklich etwas wegzuschlagen, behält der Stein seine Form und wird nicht zur Skulptur, so wie Friedrich Schiller im 22. ästhetischen Brief schreibt:

Darin aber besteht das eigentliche Kunstgeheimnis des Meisters, daß er den Stoff durch die Form vertilgt.

Form entsteht nur, indem der rohe Stein, die Masse, der „Stoff", schrittweise zu einer intendierten Form wird. Um sie zu schaffen, muss ich bereit sein zur dosierten Aggressivität. Dosiert muss sie sein. Schlage ich zu hart und unkontrolliert, bricht etwas weg, das ich für die weitere Gestaltung benötige: eine wichtige Kante, eine Nase, ein Arm. Überwiegt die Aggressionshemmung, traue ich mich nicht, wirklich heranzugehen, verändert sich der Rohling nicht, zeigt vielleicht ein paar Schlagspuren, bleibt aber „Stoff".

Offenbar ist mir diese Balance mit meinem ersten Stein gelungen. Beim Polieren stellte sich heraus, dass der etwas stumpfe Klang, der beim Schlagen meine damals noch ungeübten Ohren alarmiert hatte, mir ein Gefühl von „Vorsicht!" vermittelte, in der Tat begründet war. Ein Riss durchzog die ganze Skulptur, die bei unkontrolliertem Zuschlagen möglicherweise zerbrochen wäre. (vgl. Abb. 3)

Meinen Freund Clavigo Lampart hat dieses Ereignis tief berührt, und er hat ihm eine Deutung gegeben, die ich gerne annehme: Der Stein, der im Prozess des Formens zu einem Selbstobjekt wird, spiegele die eigene Verfasstheit. Die innere Brüchigkeit, der innere Bruch zeige sich im außen, und der Umgang mit dem Stein sei auch so etwas wie der Umgang mit sich selber und mit den eigenen Brüchen und Verwerfungen. Alex Naef formuliert es so:

> *Der Stein ist ein Gegenüber,*
> *ein zu befragendes Objekt,*
> *ein Widerstand,*
> *den es mit viel Geduld und Ausdauer*
> *zu überwinden und zu erlösen gilt.*
> zitiert aus Onasch 2008, S. 14

Abb. 3: opus 1 des Verfassers, 1995)

Aber er ist auch so etwas wie ein Spiegelbild: Was diesem Stein geschieht, geschieht mir. Wenn etwas abbricht, werde ich beschädigt. Wenn er einen schönen Glanz, eine interessante Maserung zeigt, dann strahle ich selber. – Die Konfrontation mit den eigenen Brüchen – oder Komplexen – zeigt, wo das Leben stockt, wo Gefahren sind, wo Entwicklung stagniert, wo ungelöste Konflikte herumgetragen werden.

Später sind mir solche Unglücke passiert: Ein Stein, den ich von meiner damaligen Frau übernommen hatte, wollte sich nicht fügen – stets brach ein Stück heraus oder ab, bis wir diesen Stier, der es einmal werden sollte, einem alten Steinmetzbrauch folgend, feierlich begraben haben.

In einer weiteren Lebenskrise (die eben berichtete, blieb nicht die letzte) habe ich zwei Steine „verhauen". Eine geplante Frauenfigur zerbrach, gleich an zwei Stellen. Der Torso steht als eine Art Menetekel in meinem Flur. An einem grönländischen Marmor brach ein entscheidendes Stück heraus, so dass ich bis heute keine überzeugende Alternative für eine Gestaltung gefunden habe. (vgl. Abb. 4)

Nicht selten passiert es aber, dass Brüche zu Gestaltungselementen werden, einen Ideenschub auslösen und zu einer völlig neuen Gestalt führen können. Es gilt allerdings das kölsche Grundgesetz: Wat fott is, is fott. Im Gegensatz zur Plastik aus Ton (oder anderen aufbauenden Materialien) ist bei der Skulptur ein abgebrochenes Stück wirklich weg – es sei denn, man greift zu Akemi, dem Zwei-Komponenten-Retter. Den hatten unsere großen Vorbilder zwar noch nicht – aber wenn man bei den Skulpturen der großen Meistern genau hinschaut: Auch sie haben bereits geklebt.

Wann passiert so etwas? Natürlich bei mangelnder Kontrolle der Motorik, die besonders „unrund" ist in Zeiten seelischer Unausgeglichenheit und krisenhaftem Geschütteltsein durch Affekte. Aber es passiert auch (vgl. Patrizio 2011, S. 43 ff.), wenn man die innere Struktur des Steines, seine Eigengesetzlichkeit, nicht kennt, zu wenig Erfahrung damit hat und sie nicht geprüft hat oder die Qualität des Steins aus mangelnder Kenntnis falsch einschätzt, mit den falschen Eisen bearbeitet etc.

Marmor-Abraum wird ziemlich wild herumgeworfen und gebeutelt, dabei seine kristalline Struktur zerstört. Wenn man, wie wir es vor zwei Tagen taten, unterhalb von Carrara Steine im Flussbett sucht, dann sind diese unter Umständen mit dem Frühjahrshochwasser tausend Meter das Flussbett hinabgepoltert. Ob dann der Stein noch intakt oder von Rissen durchzogen ist – das kann man manchmal hören, wenn man ihn mit dem Hammer oder einem Eisen anschlägt. Manchmal aber auch nicht.

Mein erster Stein war aus einer solchen Abraumhalde von Carrara. Derzeit habe ich eine Doppelskulptur aus demselben Material in Arbeit, die erst beim Polieren ihre Risse zeigte – bei der mir aber zuvor an etlichen Stellen Stücke weggebrochen sind, am peinlichsten bei der Brust der weiblichen Gestalt. Auch diesen Stein war ich nahe dran aufzugeben. Meine Intention, ihn wieder zu mattieren, um das Kreuz und Quer der Bruchlinien weniger sichtbar zu machen, konterkarierte ein Steinfreund: Das mache doch gerade das Miteinander von Eros und Thanatos aus! Also werden die Risse und Brüche sichtbar bleiben.

Was für mich als zu integrierendes Thema blieb: das Hineinnehmen meiner aggressiven Seite, vor der ich mich bisher eher elegant gedrückt hatte. Mit dem Beginn der Steinbear-

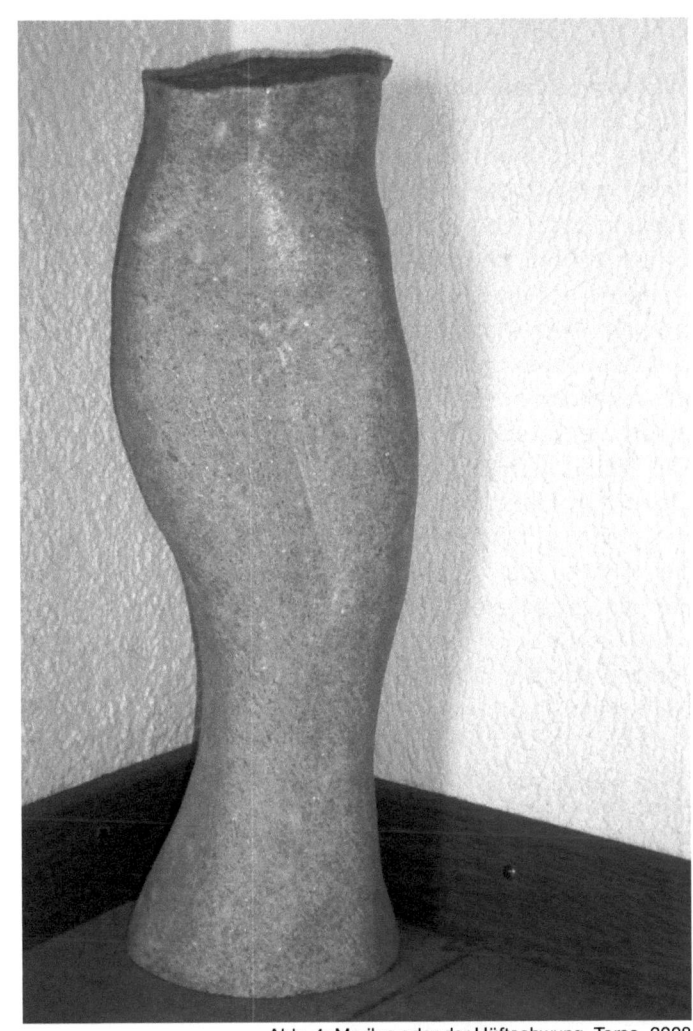

Abb. 4: Marilyn oder der Hüftschwung. Torso, 2008

beitung erwischte mich diese Thematik – und sie zieht sich als Reifungsthema durch die weitere Bildhauerei, die ich nunmehr seit zwei Jahrzehnten als Hobby betreibe.

Insofern gibt es durchaus so etwas wie ein Lernen vom Stein, was Annette Booss, die Bildhauerin, in deren Kurs ich derzeit bin, in einem Gedicht vom 20.05.1998 formuliert hat:

> *Stein – mein älterer Bruder*
> *geheimnisumwoben*
> *aus uralter Zeit*
> *lausche ich deinem Klang spüre ich deine Kraft*
> *ahne ich deine Weisheit.*
> *Zeige mir den Weg!*

Wie war es bei Michelangelo?

Das Ambiente, in dem ich diesen Text verfasse, leitet über zu Michelangelo. Er war bekannt dafür, dass er sich monatelang in den Steinbrüchen von Carrara aufhielt, mit den Steinbrechern lebte (vgl. Stone 1969) und die Auswahl seiner Steine mit höchster Sorgfalt betrieb. Nur einmal ist ihm dies misslungen, da hat er einen Stein falsch eingeschätzt, er ist ihm zerbrochen. Ein weiteres Mal hat er selbst einen Stein zerbrochen:

Die Pietà, die heute im Museo dell`Opera del Duomo in Florenz zu sehen ist, hat er nach der Fertigstellung des Jüngsten Gerichts in der Sixtina, nach 1540 begonnen. Es war kein Auftrag, er arbeitete für sich selbst mit der Idee, dass dies die Skulptur über seinem Grab werden könnte. Das Gesicht des Nikodemus trägt seine Züge. Aber er war unzufrieden mit dem Werk. 1555 zerschlug er die Arbeit. Sein Schüler Calcagni arbeitet die Figur der Maria Magdalena heraus. Auch seine letzte Skulptur, die Mailänder Pietà Rondanini, stellte er aus Altersgründen nicht mehr fertig (nach Hodson 1999, S. 110 ff.).

Die Grabsteingruppe

Jedenfalls kehrte vor etwa einem Jahrzehnt mein Freund Clavigo begeistert und bewegt von einer Florenzreise zurück und meinte, es wäre doch eine Idee, wie Michelangelo die Gestaltung des eigenen Grabsteins nicht der Nachwelt zu überlassen, sondern zu Eisen und Klüpfel zu greifen und ihn selbst zu gestalten.

Aus diesem Impuls heraus hat sich eine Gruppe von drei Männern und drei Frauen gebildet, die seit acht Jahren unter dem Kurztitel „Die Grabis" oder, ausführlicher, als www.grabsteingruppe.de (vgl. weitere Texte und Bilder dazu auf der Website) an ihren eigenen Grabsteinen arbeitet – und sie derzeit sogar ausgestellt hat (www.kunstforum-buesingen.de).

Damit begann eine Aktivität, die über Bildhauern als Bewältigung einer aktuellen Krisensituation hinausführt und bewusst das letzte Integrationsthema des Lebens bei den Hörnern packt: das der eigenen Endlichkeit, des eigenen Sterbens und Todes.

Eros und Thanatos

Es war zwar nicht Jung, sondern Freud, der das griechische Götterpaar Eros und Thanatos als Metaphern für das dialektische Wechselspiel zwischen Leben und Sterben verwendete; mit der Antinomie zwischen dem Lebenstrieb und dem Todestrieb hat er eine zentrale existenzielle Thematik erfasst. Sie beschäftigt mich verstärkt, seit wir uns in der Grabsteingruppe zusammengefunden haben; eines der Ergebnisse ist eine Bilderserie, die sich mit dem spannungsvollen Ge-

Abb. 5: Michelangelo Buonarotti, Pietà. Florenz, Museo dell´Opera del Duomo.

geneinander der beiden Triebe befasst (vgl. *Wo Thanatos den Eros trifft*, auf www.grabsteingruppe.de).

Wir setzen uns in der Grabsteingruppe auch mit der sich rapide verändernden Begräbniskultur auseinander und zelebrieren die Spannung zwischen der Lust am Leben und der eigenen Endlichkeit mit einer ausgesprochen lustvollen Ess- und Trinkkultur, deren Ergebnis ein spezielles Kochbuch mit dem Titel „Leichenschmaus" werden soll.Diese Erzählung mag vorbereiten, worum es im Folgenden geht: der Frage, womit wir in Kontakt kommen, wenn wir uns mit diesem letzten Integrationsthema befassen.

Einsichten aus dem Steinbildhauen
1. Die Bildhauerei konfrontiert ganz generell mit dem eigenen Durchhaltevermögen, der Sthenik und der Fähigkeit, lange Spannungsbögen über die Zeit zu halten. Dafür sorgt alleine die Materie Stein (die zwischen Alabaster und Diabas etwa die Hälfte der Mohs'schen Härteskala abdeckt) und die, auf die Materie Holz umgemünzt, ein „Dickbrettbohren" erfordert. Speziell bei größeren Projekten gilt es, Durststrecken und Frustrationen durchzustehen und nicht aufzugeben. In unserer Grabsteingruppe haben wir jetzt über einen Zeitraum von acht Jahren an diesem einen Stein gearbeitet. Mit vielen Krisen, Abbrüchen und Zeiten der Verzweiflung. Dann tut die Gruppe gut.

2. Speziell die Beschäftigung mit dem eigenen Grabstein ist eine Dauerkonfrontation mit der eigenen Endlichkeit – die man im Alltag gerne von sich fernhält, der wir aber bei jedem gemeinsamen Wochenende mit den „Grabis" ausgeliefert sind. Hier wird sie nicht ausgespart – das Selbstobjekt des Steines ist konstant da. Die intensiven Zweier- und Gruppengespräche schließen alle Krisen, Lebensängste, Partnerkonflikte und ähnliches ein. Die Begrenztheit des eigenen Lebens ist das Thema.

3. Selbstverwirklichung mag zwar ein abgegriffenes und missbrauchtes Wort sein, aber die Arbeit am eigenen Grabstein besagt, im Sinne der Selbstwirksamkeit, dass ich etwas gestalte, das über mein reales Leben hin Dauer hat – wenn auch nicht ewig, so doch eine gewisse Zeit, die über mich hinausweist und insofern ein Moment von Transzendenz beinhaltet. Die Tatsache, dass mehrere unserer Grabsteine Recycling-Produkte sind, mag das unterstreichen. Es sind ehemalige Grabsteine, die neu behauen wurden.

4. Die sich auf vielen Ebenen zeigende, erfahrungsgesättigte Einsicht, dass Leben und Sterben zusammengehören, Teile eines organischen Ganzen sind, nimmt Angst vor Sterben und Tod. Das führt dazu, über vieles ach so Ernste herzhaft lachen zu können und manches Widrige nicht mehr als so wesentlich zu betrachten. Ein abgebrochenes Stück Stein (oder auch das Verhalten eines spätpubertierenden Kindes) lässt sich mit mehr Gelassenheit betrachten. Meist findet sich eine Alternative zum vorher Gedachten.

5. Bei unserer Grabsteingruppe tritt ein Moment hinzu, das die Pioniergestalt C. G. Jung selbst, mit seiner generellen Unterbewertung des Prinzips Gruppe (vgl. Dorst 1990) nicht hat genießen können. Er war in seiner Auseinandersetzung mit sich auf sich selbst verwiesen. Wie sehr es hilft, bei dieser Dauerkonfrontation mit Grundaffekten, mit der eigenen Aggressivität, der Versagensangst, dem Durchhaltevermögen u.a.m. den Rückhalt einer Gemeinschaft, einer Gruppe Gleichgesinnter zu haben, fällt mir als Gruppendynamiker besonders deutlich auf. Ich möchte einige Momente des „Mehrwerts" von Gruppe für die bildhauerische Auseinandersetzung aufzeigen.

Persönlich bildhauere ich fast ausschließlich in Gruppen. Ich bin Mitglied in mehreren Bildhauergruppen und sorge dafür, dass ich genügend Tage im Jahr fest verplant habe, um mit anderen zusammen zu arbeiten – sei das für einen Tag, ein Wochenende oder eine ganze Woche. Das gelingt mir wesentlich besser als eine Vereinbarung mit mir selber.

Am Beginn einer bildhauerischen Arbeit steht die Steinsuche. Sei das, wie hier, im Flussbett, sei das in einem Steinbruch, im Steinlager eines Ateliers: Es gilt, „meinen" Stein zu finden, ihn zu prüfen, zu drehen, mich mit ihm zu verbinden und zum Arbeitsort zu transportieren. Auch wenn das ein hoch individueller Vorgang ist: Die Gruppe erleichtert diesen Prozess ungemein. Sei es durch Mitklopfen, Umdrehen, Transportieren, Ermutigen, Abraten, Infragestellen.

Egal, wie hoch die Kohäsion in einer Gruppe ist, es ist immer wieder ein akustisch eindrückliches Phänomen: das sich aufeinander einschwingende, in variablen Rhythmen überlagernde, stets aufeinander bezogene Geräusch der Hämmer oder Klüpfel. Dieses spontan sich einstellende Musizieren ist eine Gruppenerfahrung von großer Dichte.

Ein wesentliches, mir vertrautes Moment von Gruppenarbeit ist der festgelegte oder frei vereinbarte Wechsel zwischen Arbeitszeit und Pausen. Die gruppendynamische Methodik bezieht ganz bewusst das „informelle System" in die Arbeit ein; sie sieht das, was in Pausen außerhalb der offiziellen Arbeit geschieht, als mindestens so wichtig für das Gelingen eines Gruppenprozesses an wie das, was zu den festgelegten Arbeitszeiten geschieht (vgl. Schmidt et al. 1977).

Pausen als Entspannungszeiten zwischen den meist von durchgängiger Spannung getragenen Arbeitszeiten sind ein wesentliches Element bildhauerischer Arbeit. Distanz hilft, sich von Verbissenheit zu lösen. In Pausen geschieht die Verarbeitung des Geschehens, bei Kaffee oder Rotwein, abends beim selbst gekochten Essen oder in einer Trattoria mit mediterranem Flair. Es mag eine subjektiv verzerrte Wahrnehmung sein, aber sie ist empirisch gesättigt: Alle Bildhauergruppen, die ich in zwei Jahrzehnten erlebt habe, zeichnen sich durch eine ausgesprochen bukolische Kultur aus.

Ein weiteres gruppendynamisch wichtiges Moment ist der sogenannte „Rundgang". Am Abend, nach Abschluss des Tagesgeschäftes und vor dem Zusammenkehren und Aufräumen der Werkzeuge, wird gemeinsam, eins nach dem anderen, der Tagesfortschritt der Skulptur angeschaut – mit Selbstaussage und Feedback. Dabei kommen sowohl zu lösende ästhetische und formale Probleme, aber auch die inneren Auseinandersetzungen mit der Skulptur zur Sprache. Dies ist eine kohäsionsfördernde Maßnahme bei gleichzeitiger Differenzierung (vgl. König & Schattenhofer 2006, S. 56 ff.). Unterstützung und wohlwollende, nichtsdestoweniger deutliche Kritik, Trost und Herausforderung, gegenseitiges Begleiten im Fortschritt, Konfrontation mit Müdigkeit, Gelenkschmerzen, Verzweiflung über Abgebrochenes, Wut und der Wunsch alles hinzuschmeißen, die Skulptur zu zerschmettern oder in den Fluss zu werfen – all das hat Platz in einer solchen Runde.

Auch wenn ein Bildhauerkurs nicht als Selbsterfahrungskurs ausgeschrieben ist – Selbsterfahrung ist unausweichlich. In einer Gruppe, in der man aufeinander achtet, beim „verdammt noch mal, jetzt ist mir da was abgebrochen" zusammenläuft, Trost spendet, Zweikomponentenkleber anrührt und formale Alternativen entwickelt, in der eine liebevolle Konfrontation möglich und vereinbart ist, in der der oben beschriebene Rundgang gemacht wird, findet ein gerütteltes Maß an Selbsterfahrung statt. Wenn z.B. eine Skulptur nicht gelingen will und ein Kollege oder eine Kollegin das Werkstück packt und es einfach auf den Kopf stellt: Dann findet Umdenken statt, wird mein bisheriges Weltbild buchstäblich auf den Kopf gestellt und neue Lösungen werden möglich.

Fazit

Zurück zu *Jung-Stein-Zeit*: Was hat dieser Artikel mit seinem provokanten Titel eingelöst und was nicht?

Dass Arbeit am Stein jung hält, habe ich bereits oben bestätigt. Das ist auch das, was C. G. Jung selbst erfahren hat. Die Zeit, in der ich am Stein arbeite, die Stein-Zeit, hält jung in dem Sinne, dass sie ein ständiges prozesshaftes Denken und Empfinden evoziert: Es ist, ganz im Sinne des dynamisch denkenden Kurt Lewin, dem Erfinder der Gruppendynamik, ein kontinuierliches Sich-neu-Einstellen auf all die Überraschungen, die ein Stein bietet, den ich von außen nach innen bearbeite und erkunde.

Denn mit jeder Schicht, die ich abschäle, stellt er mit seiner inneren, mir bisher verborgenen Struktur neue Probleme und Herausforderungen. Und um eine Skulptur zu machen, muss ich sie immer wieder umwandeln, muss sie von allen Seiten und aus verschiedenen Perspektiven betrachten. Insofern ist *Jung-Stein-Zeit* eine ständig sich neu stellende Aufgabe.

Für unsere Grabsteingruppe steht nach einem achtjährigen Arbeitsprozess die Aufgabe an, neu zu überlegen und neu zu definieren: Was wollen wir denn nun, nachdem wir unser vereinbartes Ziel erreicht haben, nämlich den eigenen Grabstein zu gestalten? Da steht er, ist fertig, ist ausgestellt – was bleibt nun? Dieser paradoxen Aufgabe werden wir uns im Oktober stellen müssen – dann gibt es wohl eine neue Jung-Stein-Zeit. Dass Bildhauern nicht nur etwas mit Krise zu tun hat, sondern auch großen Spaß macht, ist hoffentlich aus meinem Ausführungen deutlich geworden.

Literatur

Antons, K. (2007): O FORTUNA! Zur archetypischen Symbolik des Lebensrades. Stuttgart: Heinz Kurz

Antons, K., Stützle-Hebel, M. (Hrsg.) (2015): Feldkräfte im Hier und Jetzt. Antworten von Lewins Feldtheorie auf aktuelle Fragen in Führung, Beratung und Therapie. Heidelberg: Carl Auer

Cooper, J. C. (1986): Illustriertes Lexikon der traditionellen Symbole. Wiesbaden: Drei Lilien

Dorst, B. (1990): Der Archetyp der Gruppe. Gruppen als Erfahrungsräume der Individuation. Unveröff. Diplom-Thesis am C. G. Jung-Institut Zürich

Freund, H. (1994): Das Auftauchen der Hemmung am Stein. Vortrag auf der Jahrestagung des Deutschen Arbeitskreises für Gestaltungstherapie, Nürtingen

Hodson, R. (1999): Michelangelo Sculptor. Florence: Summerfield Press

Jung, C. G. (1962): Erinnerungen, Träume, Gedanken. Aufgezeichnet und herausgegeben von A. Jaffé. Olten: Walter

Jung, C. G. (1971 ff.): Gesammelte Werke. Olten: Walter

König, O. & Schattenhofer, K. (2006): Einführung in die Gruppendynamik. Heidelberg: Carl Auer

Lurker, M. (Hrsg.) (1983): Wörterbuch der Symbole. Stuttgart: Kröner

Naef, A. (o.J.): Plastisches Gestalten. Zitiert nach Onasch (2008)

Onasch, Gudrun (2008): Die Entstehung des Mönches „Theodor Vogel". Darstellung und Analyse schöpferischer Prozesse auf der Grundlage der Analytischen Psychologie. Unveröff. Seminararbeit aus einem Fortbildungskurs Analytische Psychologie

Patrizio, A. (Ed.) (2011): STONE. A legacy and inspiration for art. London: Black Dog Publishing Ltd.

Schmidt, J., Hinst, K. & Voigt, B. (1977): Das Lab „hinter den Kulissen des Labs". Informelle Systeme in gruppendynamischen Laboratorien. Gruppenpsychother. Gruppendyn. 12

Stone, I. (1969): Michelangelo. München: Droemer/Knaur
www.grabsteingruppe.de
www.kunstforum-buesingen.de
www.symbolonline.de/index.php?title-Stein

das schöpferische

Klaus Antons
geb. 1942. Diplom-Psychologe, Dr. phil, habilitiert in Sozialpsychologie. Trainer für Gruppendynamik DGGO, Supervisor DGSv. Tätig in der Ausbildung von Sozialtherapie, Gruppendynamik, Supervision; Führungskräftetrainings und Persönlichkeitsentwicklung. Über 100 Veröffentlichungen in den Feldern Gruppendynamik, Suchtforschung, Erwachsenenbildung, Ost-West-Dialog.

Foto: fotolia: panaramka

Morning has broken like the first morning
Blackbird has spoken like the first bird
Praise for the singing, praise for the morning
Praise for them springing fresh from the world

Der Morgen ist angebrochen als wäre es der allererste Morgen
Die Amsel hat gesungen als wäre sie der allererste Vogel
Gepriesen sei ihr Gesang, gepriesen sei der Morgen
Gepriesen seien sie dafür, der Welt neu entsprungen zu sein.

Sweet the rains new fall, sunlit from Heaven
Like the first dewfall on the first grass
Praise for the sweetness of the wet garden
Sprung in completeness where His feet pass

Herrlich fällt der neue Regen, sonnenbeschienen vom Himmel
Wie der Fall des allerersten Taus auf das allererste Gras
Gepriesen sei die Herrlichkeit des nassen Gartens
Vollständig entsprungen, dort, wo Seine Füße entlang gehen.

Mine is the sunlight, mine is the morning
Born of the one light, Eden saw play
Praise with elation, praise every morning
God's recreation of the new day

Mein ist das Sonnenlicht, mein ist der Morgen
Geboren aus dem einen Licht, das schon im Garten Eden schien
Lobpreise mit Jubel, lobpreise jeden Morgen
Wie Gott den neuen Tag auf's neue erschafft

Cat Stevens, Morning Has Broken, 1971

Das Schöpferische in der Musik

Anna Elisabeth Röcker

Wollte man dieses Thema erschöpfend behandeln, es ausschöpfen, könnte man beginnen mit den Vertonungen der „Schöpfung" von Joseph Haydn bis Günter Bialas, mit seinem Werk *Im Anfang.*

Aber „das Schöpferische" findet sich in vielen weiteren Aspekten der Musik.

Könnten Sie sich vorstellen, eine Melodie oder gar ein komplexes Musikstück mit unterschiedlicher Instrumentierung innerlich zu hören oder vor sich zu sehen, obwohl Sie es nie vorher gehört haben? Wolfgang Amadeus Mozart hat auf diese Weise eine fertige ganze Oper innerlich gehört. In seinen Briefen spricht er davon, dass er die Musik im Geist nicht im gewohnten zeitlichen Nacheinander hörte, sondern „wie gleich alles zusammen". Das habe es ihm oft schwer gemacht, mit dem Aufschreiben nachzukommen und alles in ein zeitliches Nacheinander zu bringen. Er hatte ganz offensichtlich einen direkten Kanal und eine besonders schnelle Verbindung zur schöpferischen Energie.

Jeder Komponist hat seinen ganz eigenen Weg, wie er mit *dieser universalen, schwingenden, kosmischen Kraft, die wir Gott nennen* in Verbindung treten kann. Zu diesem Schluss kam der amerikanische Musikkorrespondent Arthur M. Abell, nachdem er in den Jahren 1890 bis 1918 Gespräche mit berühmten Komponisten wie Johannes Brahms, Giacomo Puccini, Max Bruch usw. geführt und in seinem gleichnamigen Buch aufgezeichnet hat.

In den Biografien berühmter Komponisten und Musiker finden sich viele solche Zeugnisse über das Wirken der Intuition und über die Inspiration während des Komponierens oder auch während des Musizierens. So fühlten sich die einen in direktem Kontakt mit dem

Schöpfer, wie etwa Johannes Brahms. Für andere wie z. B. für Edvard Grieg war die Natur das schöpferische Potenzial, aus dem sich seine Werke speisten.

Auch persönliche und oft schwere Erfahrungen wurden vor allem ab dem 19. Jahrhundert in schöpferischer Weise in den Kompositionen verarbeitet. Einige Beispiele möchte ich in diesem Artikel wiedergeben, bevor ich auf das Musikhören als schöpferische Erfahrung eingehe. Komponieren, Musizieren und auch Musikhören stehen in enger Verbindung. Der Geist, der Komponisten und Musiker inspiriert, berührt auch die Hörenden, tritt über die Musik in Resonanz und löst eigene kreative Prozesse aus.

Danach würde ich Sie, liebe Leserin, lieber Leser, gerne ermuntern, eigene kreative Erfahrungen mit einer besonderen Form des Musikhörens zu machen.

Komponieren als schöpferischer Prozess

Der Geist ist das Licht der Seele.
Der Geist ist allumfassend.
Der Geist ist die schöpferische Energie des Kosmos.

Diese Sätze stammen von Johannes Brahms, aufgezeichnet in dem oben zitierten Buch *Gespräche mit berühmten Komponisten.* Johannes Brahms war überzeugt, dass alle großen schöpferischen Geister aus dieser Erkenntnis heraus ihre Werke erschaffen haben. Vom Geist beflügelt, konnten sie direkt schöpfen aus dem Kosmos, aus der göttlichen Inspiration. Die Quelle, aus der große Komponisten wie Mozart, Schubert, Bach und Beethoven und viele mehr ihre Inspiration schöpften, war für ihn dieselbe Quelle, aus der auch Jesus schöpfte, um seine Wunder zu wirken. Giacomo Puccini war sogar der Meinung, dass er die Musik direkt von Gott diktiert bekomme. Das bestärkte ihn in der Überzeugung, *dass wir Sterblichen auf dieser Erde Partner des Schöpfers sind*, eine Erkenntnis, die seiner Meinung nach leider zu wenig verbreitet ist.

Auch Richard Wagner wies in seinen Schriften immer wieder auf diese schöpferische Energie hin. So berichtet der Komponist Engelbert Humperdinck (bekannt durch die Oper Hänsel und Gretel) von einem mit Richard Wagner geführten Gespräch. Dabei sprach Wagner davon, dass er als Voraussetzung für jede schöpferische Bemühung einen tranceähnlichen Zustand sehe, in dem er sich mit der schwingenden Kraft eins fühle, die allwissend ist, aus der er schöpfen kann und die jede menschliche Vorstellung übersteigt.

Komponieren als kreativer Bewältigungsprozess

Da das Leben vieler großer Komponisten nicht leicht, ja oft entbehrungsreich und leidvoll war, können wir davon ausgehen, dass schmerzhafte Erfahrungen viele große Musikwerke inspiriert haben. So litt beispielsweise Franz Schubert sehr unter dem kleinlichen und rigiden System seiner Zeit und den bestehenden Herrschaftsverhältnissen. Wie viele seiner Zeitgenossen hatte er mit Armut, Unfreiheit und schließlich mit Krankheit zu kämpfen. Einmal als er dies alles besonders schmerzlich empfand, schrieb er, dass er versuche: ... *jenes fatale Erkennen einer miserablen Wirklichkeit (...) durch meine Phantasie (Gott sey's gedankt) so viel als möglich zu verschönern.*

Dieses Verschönern ist ihm immer wieder geglückt in seinen wunderbaren Liedern, z. B. in dem 1817 entstandenen *An die Musik*, in dem es heißt: *Du holde Kunst, in wie viel grauen Stunden, wo mich des Lebens wilder Kreis umstrickt, hast du mein Herz zu warmer Lieb entzunden, hast mich in eine beßre Welt entrückt.*

Von Gustav Mahler wissen wir, wie viele persönliche Erfahrungen und Erkenntnisse Eingang fanden in seine Musik und auf schöpferi-sche Weise verarbeitet wurden. Über die Entstehung seiner 8. Sinfonie, die im September 1910 in München mit 858 Sängern und 171 Instrumentalisten uraufgeführt wurde, berichtete Mahler: *Es war wie eine blitzartige Vision – so ist das Ganze sofort vor meinen Augen gestanden und ich habe es nur aufzuschreiben gebraucht, so, als ob es mir diktiert worden wäre.* An den holländischen Dirigenten Willem Mengelberg schrieb Mahler zuvor: *Ich habe eben meine 8. vollendet ... – Denken Sie sich, dass das Universum zu tönen und zu klingen beginnt. Es sind nicht mehr menschliche Stimmen, sondern Planeten und Sonnen, welche kreisen.*

Bezogen hat er sich in diesem Werk auf den mittelalterlichen Pfingsthymnus *Veni creator spiritus* (Komm Schöpfer, Heiliger Geist) und auf den letzten Teil von Goethes Faust (*Alles Vergängliche ist nur ein Gleichnis ...*). Allerdings lag zwischen dem ersten kreativen Impuls im Jahr 1906 und der Uraufführung dieser Sinfonie einer der schwersten Schicksalsschläge in diesem an Dramatik wahrlich nicht armen Leben: Mahlers kaum fünfjährige über alles geliebte Tochter Maria starb 1907 an einer Scharlach-Diphterie. Die verzweifelte Liebe zu seiner Frau Alma, die sich von ihm entfernt hatte, Schmerz, Trauer und Depression schienen ihn zu überwältigen, und es war immer wieder sein intensives Musikschaffen, das ihm half weiterzuleben.

Eine Form des schöpferischen Umgangs mit einer lebensbedrohlichen Situation kennen wir aus dem Leben Arnold Schönbergs. Im August 1946 erlag er im amerikanischen Exil fast einem Herzinfarkt. Er war, wie er selbst berichtete, praktisch tot gewesen und nur eine Injektion direkt ins Herz hatte ihn ins Leben zurückgeholt. Diese traumatische Erfahrung verarbeitete er in seinem Streichtrio op. 45, in der sich die Dramatik bis hin zur fast hörbaren Herzinjektion widerspiegelt.

Vermutlich war diese Nahtod-Erfahrung auch Auslöser dafür, dass er sich wenige Monate danach nach anfänglichem längeren Zögern entschied, die Berichte überlebender Juden in seinem bewegenden Werk *A Survivor from Warsaw* als Erinnerung der Todeshölle von Warschau zu vertonen.

Von Ludwig van Beethoven wissen wir, wie sehr er mit den äußeren und inneren Widerständen seines Lebens kämpfte. In seiner Musik spiegeln sich diese Kämpfe genauso wider wie auch die heroische Kraft, mit der er sich allem stellte, zuletzt seiner Taubheit und der damit verbundenen Verzweiflung. Mit seinem berührenden sogenannten Heiligenstädter Testament aus dem Jahr 1802 hatte er sich sein Leid von der Seele geschrieben und bekannt, dass ihn oft nur die Kunst zurückgehalten habe, wenn er daran dachte, sein Leben zu beenden.

Auf diese Offenbarung seiner Verzweiflung folgte ein intensiver Schaffensprozess, in dessen Folge z. B. 1803 das zwar weniger bekannte, aber sehr hörenswerte Oratorium Christus am Ölberg entstand. In seinem eigenen Leid fühlte er sich ganz offensichtlich Christus in seiner Verzweiflung zutiefst nahe. Die Umwandlung dieser Gefühle in Musik lassen für den Zuhörer nicht nur Trauer und Verzweiflung spürbar werden, sondern auch den Trost und die heilende Qualität der Musik.

Das Schöpferische im Prozess des Musikhörens

Die Erfahrung, dass die Musik auch beim Hören einen schöpferischen Prozess in Gang setzt, können Sie, liebe Leserin, lieber Leser, vermutlich auch bestätigen. Nie klingt eine Musik ganz gleich, selbst wenn wir sie nur von einer CD hören. Denn immer sind wir als Hörer anders gestimmt, berührt die Musik eine andere Saite in uns.

Noch intensiver ist die Erfahrung der schöpferischen Kraft der Musik allerdings, wenn wir sie live hören im Konzert oder in einer Kirche. Die Musiker tragen bei zu einer ganzheitlichen Erfahrung, mit ihrer körperlichen Anwesenheit, mit ihrem Atem, ihren Gefühlen und ihrer ganz persönlichen Interpretation der Musik. Deutlich nimmt man gerade im Konzertsaal wahr, wie die Musik aus der Stille ihren Anfang nimmt und wieder in die Stille hinein verklingt. Immer wünsche ich mir im Konzert, die Stille

am Anfang und vor allem am Ende möge länger dauern, bevor der Beifall einsetzt, um dem Erleben nachspüren zu können.

Aus der Stille heraus beginnt mit dem ersten Ton etwas Neues, nur im Moment hörbar und erfahrbar. Ist die Musik verklungen, ist die Stille eine andere als am Anfang. Sie ist noch erfüllt von der Schwingung der Musik, gefüllt mit der persönlichen Erfahrung der Hörerin oder des Hörers. Dazwischen liegt das Erleben der Musik, wenn sie in Resonanz tritt mit unserem ganzen Wesen, Gedanken und Gefühle auslöst, körperliche Empfindungen hervorruft oder längst vergessene Erinnerungen wieder auftauchen lässt.

Die Erkenntnis von der tiefenpsychologischen Dimension der Musik hat die amerikanische Musikerin und Psychotherapeutin Dr. Helen Bonny (1921-2010) bewegt, sich ganz dem schöpferischen und heilenden Aspekt der Musik zu widmen. Sie entwickelte auf der Basis dieses Resonanz-Phänomens und mit tiefenpsychologischem Wissen eine Methode der Musikerfahrung, die sie G.I.M. (Guided Imagery and Music, man könnte sagen „Geleitete Musik-Imagination") nannte. Dabei ist die Musik das therapeutische Medium. Sie tritt in Resonanz mit dem Klienten und seiner ganz persönlichen Thematik.

Helen Bonny wählte für ihre Therapieform ausschließlich Stücke aus der klassischen Musik Europas und aus den USA von der Gregorianik an bis ins 20. Jahrhundert. Sie war überzeugt, dass die vielfältige klassische Musik, wie sie sich über Jahrhunderte entwickelt hat, die Komplexität der menschlichen Seele am besten widerspiegelt.

Helen Bonny entwickelte sogenannte Musikprogramme mit unterschiedlich zusammengestellten Musikstücken, jeweils zu einem bestimmten Thema, z. B. Kindheit, Trauer usw. Der Weg durch die einzelnen aufeinander folgenden Musikstücke, den die „Musikreisenden" in einem tief entspannten tranceähnlichen Zustand erleben, fördert eigene innere Bilder, Empfindungen, Erinnerungen usw. aus dem Unbewussten zutage, mit denen, durch die Musik geleitet, ein Dialog stattfinden kann.

das schöpferische

Die Musik setzt so einen schöpferischen Prozess in Gang, in dem oft überraschende neue Erkenntnisse oder Lösungen auftauchen und so eine weitere bewusste Auseinandersetzung mit dem Thema möglich machen. Manchmal tauchen archetypische Bilder auf, die unmittelbar heilend und verwandelnd wirken, wenn die Klienten damit in Verbindung treten und die Botschaft verstehen können.

Helen Bonny war überzeugt, dass Musik der *effektivste und sicherste Öffner zu den verborgenen Türen der Psyche* sei. In der Musik sah Helen Bonny ein unermesslich großes Reservoir hilfreicher Kräfte und heilender Energie. Dabei wird die Musik nach dem ISO-Prinzip eingesetzt, das heißt so, dass sie in größtmöglicher Weise der eigenen Gefühlslage bzw. dem Thema entspricht, das man bearbeiten möchte.

Wenn Sie selbst also jetzt neugierig sind auf eine solche Erfahrung, wählen Sie ein eigenes Musikstück, das Ihrem Thema entspricht oder eines der vorgeschlagenen.

Wenn Sie neugierig sind, wohin Ihr Weg gehen soll, dann könnten Sie z. B. von Claude Debussy den *Nachmittag eines Fauns* oder von Ottorinio Resphigi *Die Brunnen von Rom* wählen. Wenn Sie in einer eher melancholischen Stimmung sind, die Sie ergründen möchten, könnten Sie das mit dem Adagio aus dem *Oboenkonzert d-Moll* von Alessandro Marcello tun oder mit dem Adagio aus dem *Cellokonzert Nr. 1* von Joseph Haydn.

Begeben Sie sich in einen entspannten Zustand möglichst mit abgedunkelten Augen, lassen Sie sich Zeit, bis die Alltagsgedanken langsam ruhiger werden. Stellen Sie Ihre Frage oder bitten Sie die Musik, Sie zu einem bestimmten Thema dorthin zu führen, wo es für Sie jetzt wichtig ist hinzugehen. Dann stellen Sie die Musik an. Sie nimmt Sie mit auf eine Reise. Nehmen Sie alles wahr, Gedanken, Gefühle, Impulse aus dem Inneren.

Vielleicht müssen Sie anfangs diese Musikreisen öfter wiederholen bis Sie die Botschaften verstehen, die Ihnen die Musik mitteilt.

Nutzen Sie so oft wie möglich das schöpferische Potenzial der Musik – in Verbindung mit dem Geist, aus dem die Musik entstand, ist es unerschöpflich.

Literatur
Abell, M. (1962): Gespräche mit berühmten Komponisten. Oy-Mittelberg: Artha
Bonny, H. L. (2002): Music Consciousness. New Braunfels TX: Barcelona Publishers
Schneewind, U. (2010): Jede Note an Dich gerichtet. Darmstadt: Wissenschaftliche Buchgesellschaft
Specht, R. (2001): Gustav Mahler. In: Renate Ulm (2001) Gustav Mahlers Symphonien. München: dtv

Anna Elisabeth Röcker
Heilpraktikerin, Yogalehrerin und Musiktherapeutin. Weiterbildung in Analytischer Psychologie am C. G. Jung-Institut in Zürich. Vortrags- und Seminartätigkeit im In- und Ausland, Autorin erfolgreicher Gesundheits- und Lebenshilfe-Ratgeber. Seit mehr als 25 Jahren in eigener Praxis in München tätig.

Musik und Rhythmus finden ihren Weg zu den geheimsten Plätzen der Seele.

Platon

Schöpfung und Erschöpfung

Einige Betrachtungen zum Oratorium *Die Schöpfung* von Joseph Haydn

Gerhard Heydt

Kann man denn heutzutage in einer Zeit des Geschlechterdiskurses (Gender-Thematik) ein Werk wie Haydns *Schöpfung* überhaupt noch aufführen? Diese Frage ergab sich tatsächlich bei mehreren Aufführungen dieses Oratoriums, an denen ich mitwirken durfte. Als in der Schöpfungsgeschichte nach Adam auch noch Eva geschaffen war, hat sie im großen Duett (Nr. 31) u.a. zu singen: *Dein Will' ist mir Gesetz.* Solch eine Wortwahl ging nicht mehr so ohne Weiteres über die Lippen. Dabei waren die Diskussionen unter den Chorsängerinnen meist noch viel lebhafter als mit den Solistinnen. Und es gab ganz verschiedene „Lösungen", entweder der Text wurde als historisch so überliefert letztlich schlicht hingenommen, oder es gab Versuche der Textveränderung. In einem Fall wurde die gesamte Arie schlicht gestrichen, musikalisch gesehen ein großer Verlust. Am Ende dieses Aufsatzes soll die eingangs gestellte Frage noch einmal aufgegriffen werden.

Die Erschaffung des Oratoriums
Die Schöpfung

Oratorien entstanden etwa zur selben Zeit wie die Oper, nämlich in der ersten Hälfte des 17. Jahrhunderts. Etwas vereinfachend könnte man sagen, Oratorien seien „Sakral-Opern" in ihrer Mischung aus epischen, dramatischen und lyrischen Elementen. Sie unterscheiden sich jedoch von den Opern durch die Darstellung überwiegend religiöser Stoffe aus der Bibel, wobei der biblische Text in der Regel dichterisch umgeformt wird. Typisch ist auch der Verzicht auf eine szenische Wiedergabe, wobei Aufführungen außerhalb der kirchlichen Liturgie und sogar der kirchlichen Räumlichkeiten durchaus möglich sind. Einer der großen Meister des Oratoriums war Georg Friedrich Händel (1685-1759), der mit seinen barocken Werken Meilensteine setzte (vgl. Wörner 1993, S. 211 ff.).

Joseph Haydn (1732-1809) hatte in jüngeren Jahren bereits ein Oratorium *Il ritorno di Tobia* (1775) geschrieben, das sich aber – nicht zuletzt wegen eines wenig überzeugenden Librettos – nicht halten konnte. Während seiner beiden Englandreisen 1791/92 und 1794/95 fühlte sich Haydn zur Komposition eines großen Oratoriums angeregt, als er Aufführungen von Händels Oratorien mit ihren großen Besetzungen miterleben konnte. Haydn gilt neben Ludwig van Beethoven und Wolfgang Amadeus Mozart als einer der Vertreter der Wiener Klassik. Er wollte die Form des Oratoriums mit den reifen kompositorischen Möglichkeiten seiner Zeit zu einem ähnlich bedeutsamen Ergebnis bringen, wie das Händel gelungen war.

In London kam Haydn in Kontakt mit der Dichtung *Paradise Lost* von John Milton. Baron van Swieten (1733-1803), Diplomat am Preußischen Hof und großer Musikkenner, der den jungen Wolfgang Amadeus Mozart anregte, sich mit dem Kontrapunkt des J. S. Bach zu beschäftigen, verfasste eine Übersetzung des Textbuches ins Deutsche, die dann zur Grundlage des vertonten Librettos wurde. 1798 wurde *Die Schöpfung* mit überwältigendem Erfolg uraufgeführt, wenig später sollte sie in ganz Europa erklingen.

Ausschöpfen der kompositorischen Möglichkeiten

Haydn schuf mit der *Schöpfung* ein Oratorium mit für diese musikalische Gattung völlig neuen Ausdrucksmitteln, was seine hohe Kunst oder gar seine Genialität bis heute erkennen lässt. Fünf Solorollen sind zu besetzen, nämlich die Erzengel Gabriel (Sopran), Uriel (Tenor) und Raphael (Bass), welche die sechs Tage der Schöpfung erzählend kommentieren, sowie Adam (Bass) und Eva (Sopran). Ein vierstimmiger Chor wird ergänzt durch eine große spätklassische Orchesterbesetzung, die noch durch ein Kontrafagott bereichert wird. Dem Stil der Zeit entsprechend übernimmt ein Cembalo während der gesamten Komposition den Basso continuo, was allerdings bei heutigen Aufführungen oft auf die Rezitative beschränkt wird.

Zwar kann Haydn gerade in den großen Chornummern zeigen, dass er Kontrapunkt und Fugentechnik perfekt beherrscht (z. B. mit kühnen Engführungen, Spiegelungen der Themen etc.), vor allem wenn es etwa darum geht, einen der Schöpfungstage jubelnd abzuschließen. Auf der anderen Seite bringt er ganz neue Elemente in die Tonsprache, indem er mit seiner reichen und sehr charakteristischen Instrumentierung die Klangfarbe in den Vordergrund rückt, eine Tonmalerei, die schon ein wenig ins späte 19. Jahrhundert vorausweist.

Genial ist die Vertonung des Chaos zu Beginn des Oratoriums. Hier wirft Haydn die Regeln der damaligen Kompositionstechnik in weiten Teilen über Bord, indem er z. B. vielerlei kurze Motive jeweils nur andeutet, nicht – wie im Stil der Zeit üblich – ausarbeitet, „durchführt".

Hinzu kommen schroffe dynamische Brüche, rhythmische Figuren mit Synkopen, wie sie viel später etwa im Bigband-Sound verwendet werden. Die Instrumente haben teilweise extreme Tonlagen auszuführen, eine Dunkelfärbung kommt schon dadurch zustande, dass die Streicher mit Dämpfer zu spielen haben, bis es wenige Takte vor Schluss des Stückes heißt: *Und es ward Licht* (plötzliches Fortissimo nach einer längeren Strecke äußerst leiser Musik). Besser hätte man die im Chaos herrschende Unordnung nicht vertonen können. Für die damaligen Hörer muss das eine höchst befremdliche, überaus moderne Musik gewesen sein.

Besondere Klangfarben nutzt Haydn, wenn es darum geht, Naturerscheinungen zum Klingen zu bringen. Heftige Stürme werden im Orchester abgebildet, mit gegeneinander laufenden Tonleitern wird das Fliegen der Wolken dargestellt, Staccati der Klarinetten und der Flöten ahmen Blitze nach, Streichertremolos und Paukenwirbel den Donner. Auch zarte Phänomene werden umgesetzt, so perlt der „sanfte Regen" in dahingetupften Geigentriolen herab.

Wenn es darum geht, Gegensätze oder Brüche zu vertonen, dann setzt Haydn ungewöhnliche Modulationen (Übergänge in andere Tonarten) ein, oder er verzichtet überhaupt auf das Modulieren. Es kommt dann zu Rückungen in andere Tonarten, was im Stil der Zeit eigentlich überhaupt nicht denkbar war. Hier bewies der Komponist Mut und Weitblick. Offensichtlich war er davon überzeugt, dass seine Tonsprache für alle Menschen verständlich sein würde. So geht die musikalische Schilderung

Foto: Daniel Jakob Weiss (www.fotocommunity.de)

Michelangelo (1475 - 1564): Die Erschaffung Adams, *Und Gott sprach: Lasset uns den Menschen machen* ... (Genesis 1, 26), Fresko, Sixtinische Kapelle, Vatikan. Manche haben in der Gestaltung der rechten Seite eine Darstellung der Form eines Gehirns gesehen...

das schöpferische

häufig der textlichen Umsetzung voraus, besonders eindrücklich bei der Darstellung der verschiedenen Tiergattungen.

Schöpferische Kraft und Hirnforschung

Eckart Altenmüller weist darauf hin, dass als einzige Spezies der Schöpfung der Homo sapiens zwei lautliche Kommunikationssysteme besitze, nämlich Sprache und Musik. Während die Sprache den evolutionären Vorteil der Informationsübermittlung mit sich bringe, sei die Musik wohl besonders dafür geeignet, Gemeinschaft zu schaffen, Bindungen zu stärken. Kein anderes Medium könne derart starke positive emotionale Reaktionen auslösen wie die Musik. Vermutet würden Universalien der emotionalen Wahrnehmung in der Musik, die allen Menschen gemeinsam seien und die genetisch bedingt sein dürften (vgl. Altenmüller 2006, S. 9). Aus Sicht der Analytischen Psychologie darf man hier von archetypischen Mustern ausgehen.

Was geschieht im Gehirn, wenn es kreativ ist? Hierzu gibt es einige Hypothesen zur Neurophysiologie der Kreativität.

Bei der sog. Kohärenzhypothese (Kohärenz wird angesehen als ein Maß des Informationsaustausches zwischen verschiedenen Hirnregionen) wird die Beobachtung aufgegriffen, dass beim Komponieren ein deutlich stärkerer Informationsaustausch zwischen verschiedenen Hirnarealen beider Hirnhälften zustande kommt, als wenn z. B. Musik nur gehört wird. Ein ähnlicher Effekt ergibt sich allerdings, wenn ein Instrument über 20 Minuten hinweg geübt wird.

Eine zweite Hypothese könnte die Hemisphären-Hypothese genannt werden, welche die alte Auffassung, Kreativität sei der rechten Hirnhälfte zuzuordnen, widerlegen kann. Vielmehr ist davon auszugehen, dass Kreativität nur in einer vielfältigen Kooperation beider Hirnhälften funktionieren kann. Dabei ist durchaus eine Aufgabenteilung vorstellbar, indem die rechte Hirnhälfte den ganzheitlichen Verarbeitungsmodus, quasi eine „Vogelperspektive", die linke Hemisphäre hingegen eine Neuanordnung der bewährten Wissensbasis repräsentieren könnte.

Schließlich führte die Beobachtung, dass eine der wichtigsten Funktionen des Stirnhirns die Kontrolle von Denkvorgängen ist, zur sog. Stirnhirn-Hypothese. Neue Erfahrungen werden im Stirnhirn immer auch mit Erfahrungen und Erwartungen aus früheren Lebenssituationen verglichen. Solche „Kontrollen" können einem kreativen Prozess hinderlich sein. So weiß man aus Fallbeschreibungen neurologischer und auch psychiatrischer Krankheitsfälle, dass durch eine Verminderung der Kontrollfunktion des Stirnhirns kreative Mechanismen erleichtert werden können (vgl. Altenmüller 2006, S. 5 f.). All diese Hypothesen können aber noch nicht definitiv abbilden, was im Gehirn alles zusammenspielen muss, damit Menschen kreativ sein können.

Zur Symbolik des Schöpferischen

Schöpferische Impulse speisen sich aus den tiefen Quellen des Unbewussten, die Entfaltung der schöpferischen Kräfte ist eines der Hauptziele der Individuation.

Nach M. Eliade erzählt ein Mythos ein Ursprungs-Geschehen, ist also Bericht einer „Schöpfung". Dabei gehe es um sakrale Wirklichkeiten, denn für archaische Gesellschaften sei das Sakrale das eigentlich Wirkliche. Die Schöpfung sei immer auch Folge eines ontologischen Überflusses. Hauptaufgabe des Mythos sei es, vorbildhaft für alle menschlichen Riten und Tätigkeiten zu sein. Kosmogonien (Mythen von der Erschaffung der Welt) begännen mit einer Differenzierung der zunächst ungeordneten, „chaotischen" Ursubstanz. Da teilten sich Wasser, damit sich dann die Himmel bilden, die Erde entstehen könne (vgl. Eliade 2002, S. 11 f.).

Auch in der christlichen Schöpfungsgeschichte werden erst Himmel und Erde unterschieden, aber sie sind noch ohne Form und leer. So braucht es zunächst Licht, die Erleuchtung, die Energie, um weitere Differenzierungen und Entwicklungen anstoßen zu können. Nach der Etablierung der vier Elemente kann ein Pflanzenreich entstehen, es bilden sich Tiergattungen heraus. Als Krönung der Schöpfung wird dann der Mensch geschaffen, und das geschieht nicht eindimensional, vielmehr in einer Gegensatz- und Geschlechterspannung, die zu fruchtbaren Reibungen führen, aber auch eine conjunctio oppositorum ermöglichen kann. Der Mann braucht das „Weibliche", die Frau braucht das „Männliche", auf der realen Ebene zum Erhalt der Menschheit, innerseelisch in Form von Anima und Animus zur eigenen Komplettierung.

Die Schöpfungsgeschichte könnte aber auch als symbolisches Bild für eine innere Entwicklung jedes einzelnen Menschen betrachtet werden. Erst müssen die überlebensnotwendigen Elementarfunktionen erlernt werden, dann kann eine innere Differenzierung in Gang kommen unter Einbeziehung einer „floralen Vielfalt" und animalischer Aspekte, ganz im Sinne der Vervollständigung der Persönlichkeit, also der Individuation. Da die Schöpfungsgeschichte in Haydns Oratorium mit der Erschaffung von Adam und Eva endet, bleibt die Begegnung mit dem Schatten ausgespart. Und dies, obwohl die Textvorlage John Miltons *Paradise Lost* überschrieben ist. Das heißt, in der ursprünglichen Dichtung war der Sündenfall inbegriffen, welcher natürlich zur Ausweisung aus dem Paradies und zu Vergänglichkeit und Sterblichkeit führte, aber eben auch zur Erkenntnis, zur Fähigkeit zu unterscheiden, letztlich auch zu entscheiden.

Schöpfung und Erschöpfung

Die Beschäftigung mit der Schöpfungsgeschichte war für Joseph Haydn eine tief greifende religiöse Erfahrung. Er arbeitete an dieser Komposition bis zur Erschöpfung, was tatsächlich dazu führte, dass er nach der Uraufführung für längere Zeit erkrankte. Glücklicherweise fand er zu seiner Schaffenskraft zurück und konnte so drei Jahre später ein weiteres großes Oratorium, Die *Jahreszeiten*, komponieren.

Der aus Argentinien stammende, seit den späten 50er Jahren in Köln lebende Mauricio Kagel (1931-2008) schrieb *Die Erschöpfung der Welt. Szenische Illusion in einem Aufzug* (1980 in Stuttgart uraufgeführt). Dieser Komponist experimentierte in seinen Kompositionen mit alltäglichen Geräuschen, musikalischen Collagen, er setzte teilweise Gebrauchsgegenstände als Musikinstrumente ein. Es ging ihm um ein Aufbrechen alter Hörgewohnheiten, er wollte den Sinn der Menschen für die Gegenwart schärfen. Mit *Die Erschöpfung der Welt* schuf er einen radikalen Gegenentwurf zur Genesis, quasi ein apokalyptisches Welttheater, Anfang und Ende der Welt in Einem. Er sah Gott als Schöpfer der Menschen, der sie aber auch wieder abschaffte. Für ihn waren

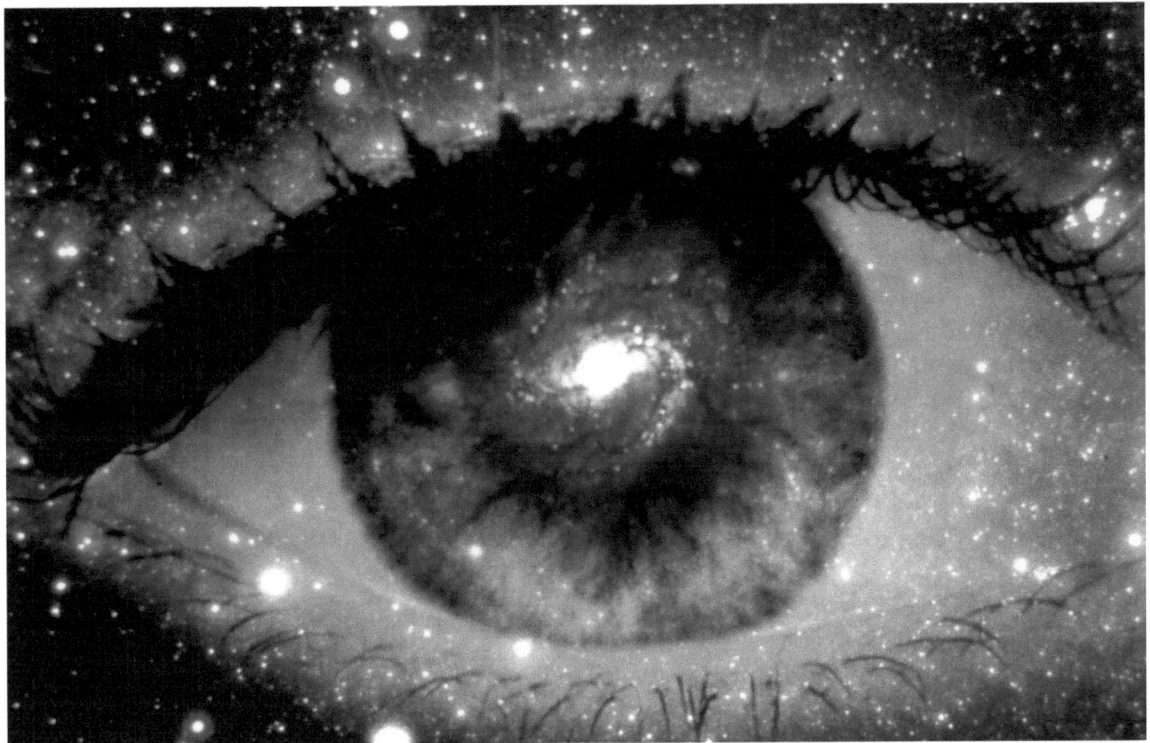

Im Auge, dem bewussten Erkennen und im schöpferischen Geist des Menschen wird sich die Schöpfung ihrer selbst bewusst.

Gott und die Menschen gleichgestellt, ohnehin blieb die Frage für Kagel letztlich unbeantwortet, ob Gott die Menschen oder ob die Menschen Gott geschaffen hätten (vgl. Sinnreich 2001/2002, S. 138 f.).

Der Blickwinkel auf die Erschöpfung der Welt erscheint in unseren Tagen ausgesprochen aktuell angesichts der drohenden Klimakatastrophe, der knapper werdenden Ressourcen, der unzähligen Konflikte und kriegerischen Auseinandersetzungen mit den weltweit immer größere Ausmaße annehmenden Flüchtlingsströmen. Insofern stehen Haydns *Schöpfung* und Kagels *Erschöpfung* in einer Polarität, welche die uns umgebende Realität bedrückend gut abbilden kann.

Versuch eines schöpferischen Umgangs mit der Eingangsfrage

Um es gleich vorweg und in aller Subjektivität zu sagen: Ja, ich glaube, Haydns *Schöpfung* kann und sollte heute, aber auch noch in zukünftigen Zeiten aufgeführt werden. Musikalisch gesehen ist sie ein großer „Wurf", für die

Gattung des Oratoriums ein Meilenstein. Auch im Gesamtwerk Haydns nimmt sie eine herausragende Stellung ein mit ihrem Ideenreichtum, mit der Freude am Klang, am Experimentieren. Es zeigt sich da, dass „Papa Haydn", wie er von seinem Publikum schon zu Lebzeiten oft liebevoll genannt wurde, keineswegs altväterlich war, vielmehr ist er zu den großen Erneuerern in der Musikgeschichte zu zählen.

Wien war zu Lebzeiten Haydns ein Zentrum bürgerlicher musikalischer Entfaltung, ganz im Sinne der Aufklärung. Letztere hatte als Ideale die Berufung auf die Vernunft, den Kampf gegen Vorurteile, religiöse Toleranz, Emanzipation des Einzelnen, Bildung (unter Hinwendung zu den Naturwissenschaften), Bürger- und Menschenrechte.

Haydn kam mit Sicherheit in Berührung mit diesem Gedankengut, was sich in seiner Musik in vielfältiger Weise erkennen lässt. Die aufklärerischen Impulse wirkten insgesamt tief in Politik und Kunst hinein, sie wandten sich bewusst vom „finsteren" Mittelalter ab, dieser Dunkelheit wurde das Licht der Erkenntnis entgegengesetzt. An dieser Stelle sei noch einmal auf die *Schöpfung* verwiesen, wo gerade die Textzeile *und es ward Licht* besonders eindrücklich vertont ist mit dem Fortissimo im gesamten Chor und Orchester. Aus dem c-Moll des Chaos heraus steigt mit dem Wort *Licht* ein C-Dur-Dreiklang nach oben, der die strahlende Helligkeit förmlich in Töne umsetzt. Dieses Licht der Erkenntnis gibt also gleichsam den Startschuss für alle weitere Entwicklung der Schöpfungsgeschichte.

Die strittige Textpassage aus der Übersetzung van Swietens hängt wohl nicht zuletzt mit dessen Prägung aus seiner Tätigkeit am Preußischen Hof zusammen. Dort gab es natürlich das Prinzip von Befehl und Gehorsam. Dass Haydn selbst kein offenkundiges Bild von einer Minderwertigkeit des Weiblichen in sich trug, davon zeugt gerade seine Musik. In Arie Nr. 24 wird Eva in einer außerordentlich liebevoll ausgestalteten und geschmeidig-ausschwingenden Cello-Kantilene vorgestellt, sicher eine der bezauberndsten Melodien, die Haydn geschrieben hat. Auch hier darf also davon ausgegangen werden, dass die Musik dem Text gleichsam „vorausgeht", dass musikalische Umsetzung noch entscheidender ist als die Wahl der Wörter.

Der deutsche Text von Haydns *Schöpfung* wurde mehrfach ins Englische zurück übersetzt, damit dieses Werk gerade auch in England aufgeführt werden konnte. In der Eulenburg-Taschenpartitur der *Schöpfung* ist die Übersetzung durch Henry S. Drinker (1880-1965) abgedruckt. Dort ist die Textstelle: *Dein Will' ist mir Gesetz* ins Englische übernommen mit den Worten Evas: *I shall be one with thee* (vgl. Eulenburg ohne Jahresangabe, Vorwort). In dieser (zugegebenermaßen recht modernen) Übersetzung geht es also nicht um eine Hervorhebung der männlichen Rolle und damit um eine Herabsetzung des Weiblichen, vielmehr um das Zueinander-Finden und Eins-Werden der gleichwertigen Polaritäten, um daraus etwas Neues, Großes, Gemeinsames entstehen lassen zu können. Schöner als in dieser kleinen englischen Zeile lässt sich das nicht ausdrücken.

Literatur

Altenmüller, E. (2006): Das improvisierende Gehirn. Musikphysiologie und Musikermedizin. Hannover
Edition Eulenburg No. 955 (ohne Jahresangabe): Haydn, Die Schöpfung. London, Zürich, Mainz, New York
Eliade, M. (2002): Die Schöpfungsmythen. Düsseldorf: Patmos
Hark, H. (2003), in: Müller, L./ Müller, A. (Hrsg.): Wörterbuch der Analytischen Psychologie. Düsseldorf: Patmos
https://wikipedia.org/wiki/Aufklärung
https://wikipedia.org/wiki/Die_Schöpfung
Kast, V. (2003), in: Müller, L./ Müller, A. (Hrsg): Wörterbuch der Analytischen Psychologie. Düsseldorf: Patmos
Sinnreich, U.(2001/2002): Die Erschöpfung der Welt. Mauricio Kagel und am Anfang war die Pause. Zürich
Wörner, K. (1993): Geschichte der Musik. Göttingen: Vandenhoeck & Ruprecht

Dr. med. Gerhard Heydt
Studium Musik, Musikwissenschaft und Medizin, Facharzt für Psychosomatische Medizin und Psychotherapie, Psychoanalyse, Facharzt für Neurologie und Psychiatrie, Dozent am C. G. Jung-Institut Stuttgart, Chefarzt im Bereich Allgemeine Psychosomatik und Psychotherapie (einschl. Musiker-Psychotherapie) an der Sonnenberg Klinik Stuttgart, Fachklinik für Psychosomatische Medizin und Psychotherapie.

In der Musik hat Gott den Menschen die Erinnerung an das verlorene Paradies hinterlassen.

Hildegard von Bingen

Zeit der Schöpfung – oder: Wie Gott zur Welt kommt

Ludger Verst

Religion ist nicht nötig, um die Welt zu erklären. Sie ist nötig, um die Welt und die Stellung des Menschen in ihr zu verstehen. So geht es allen Religionen vorrangig nicht um das, was ist, sondern darum, wie sich mit dem, was ist, leben lässt. Heilige Schriften und religiöse Lehren liefern daher auch keine empirisch gewonnenen Informationen. Da dies oft nicht gesehen wird, entstehen in den Köpfen Bilder von Gott und der Welt, die der Zeit nicht gewachsen sind. Wie kann ich mir zum Beispiel „Gott" oder „Schöpfung" vorstellen und zugleich ernsthaft Resultate der Biologie, der Physik, der Hirnforschung oder der Tiefenpsychologie zur Kenntnis nehmen?

Die Beantwortung dieser Frage dürfte Auswirkungen auf die Glaubwürdigkeit religiöser Praxis in der modernen Gesellschaft, auf die gesellschaftliche Relevanz von Religion überhaupt besitzen.

Anliegen meines Beitrags ist es, das Phänomen Religion in den Kontext einer universalen Wahrnehmungsgeschichte Gottes zu stellen und so zu zeigen, wie das hermeneutische Vermögen, das schöpferische Potenzial von Religion gerade in einer Zusammenschau von Evolution und Schöpfung zum Ausdruck kommen kann.

Wir wissen längst, dass Milliarden von Galaxien das Weltall bilden, dass eine dieser Galaxien, die Milchstraße, einen Durchmesser von 100.000 Lichtjahren hat, dass die Erde im Sonnensystem 30.000 Lichtjahre vom Zentrum der Milchstraße entfernt ist. Es bräuchte eine religiöse Rede von Gott, die den unermesslichen Dimensionen des Kosmos und den naturwissenschaftlichen Erkenntnissen gerecht würde, ohne selbst eine Fakten- und Formelsprache sein zu wollen. Wenn man seinerzeit die biblische Gottesvorstellung mit griechischer Naturphilosophie zusammengebracht und daraus ein metaphysisches Gottesbild abgeleitet hat, demzufolge Gott allweise, allgütig und allmächtig ist, dann ist dies eben heute nicht mehr hinreichend. Die Natur ist nicht gütig und die Welt alles andere als weise. Sie unterliegt keinem durchgängigen Plan. Die Biologen können an jeder Stelle heute zeigen, dass das definitiv nicht der Fall ist. Und weil das so ist, braucht es Begriffe und Bilder, die die Rede von Gott und seiner Schöpfung modernitätstüchtig und transdisziplinär tauglich machen.

Die Frage nach dem Verständnis von Schöpfung, nach dem Schöpferischen von Religion erweist sich in diesem Zusammenhang als ihre eigene Überlebensfrage. Willy Obrists Prognose vom „Absterben der Religion", dass nämlich Religion als „theologisches System" durch die Bewusstseinsevolution überholt sei, erscheint mir in diesem Zusammenhang bedenkenswert:

Der Konflikt zwischen Tiefenpsychologie und Theologie kann gelöst werden, wenn man die Bewusstseinsevolution betrachtet. Dann erweist er sich als Folge der Bewusstseinsmutation: jener erkenntnistheoretischen Revolution, bei der im Verlauf der Neuzeit die archaische Weltsicht, aus der die Theologie hervorging, überwunden und durch eine fundamental neue abgelöst worden ist.
Obrist 2002, S. 12

Wieder einmal könnten der Theologie Impulse aus der Tiefenpsychologie zuwachsen, die ei-

Alles, was wir tun oder auch nicht tun, hat Auswirkungen auf das Ganze. Denn alle sind Mitschöpfer.

nerseits in die Naturwissenschaft hineinreichen, indem sie den dort üblichen Denkweisen und Terminologien folgen, andererseits aber auch auf den existenziellen Aspekt menschlicher Daseinsbewältigung gerichtet sind.

Im Unterschied zu allen positivistischen, auf den Gewinn von Sachwissen ausgerichteten Disziplinen ist die Tiefenpsychologie – wie die Theologie – eine existenzielle Wissenschaft. Hervorgegangen aus dem Bemühen um Behebung seelischer Störungen und die Korrektur falscher Einstellungen, dient sie dem Primat existenzieller Praxis, aus der auch die Theologie einst als Wissenschaft hervorgegangen ist: dem Bemühen nämlich, dem Menschen beim Erkennen des „göttlichen Willens" und beim Umsetzen desselben in gelebtes Leben behilflich zu sein.

Spätestens seit der Rehabilitierung von Pierre Teilhard de Chardins „spiritueller Evolutionstheorie" und seinem Versuch einer Synthese von Schöpfung und Evolution, die zu Lebzeiten des Jesuiten und Naturwissenschaftlers (1881-1955) kirchlicherseits noch auf Ablehnung stieß, dürfte der Gedanke der Evolution menschlichen Bewusstseins auch in der Schultheologie angekommen sein.

Teilhards umfangreiches Werk ist als Versuch zu werten, das jahrhundertealte christliche Weltbild auf eine neue, zukunftsgerichtete Basis zu stellen. Schöpfung sei nicht als etwas längst Abgeschlossenes und seither Fertiges anzusehen, wie es die biblischen Schöpfungserzählungen nahezulegen scheinen, sondern als ein bis ans Ende der Zeit fortdauernder Prozess mit noch ungeahnten Ergebnissen.

Die Evolution ist nicht nur schöpferisch, sie selbst ist die Schöpfung in ihrem Werden. [...] „Evolution" ist der Mensch, welcher den Schöpfer beim Werk anerkennt. Teilhabe an diesem Werk ist unser Geschick und somit die Aufgabe der menschlichen Kreatur.

Elliot 1966, S. 79

Schöpferisch ist eine Religion, wenn sie die Zukunft der Welt als radikal offen begreift.

Ein weiterer Versuch, Schöpfung und Evolution zusammenzusehen, trägt den Namen „Prozesstheologie". Auch dieser relativ jungen theologischen Denkrichtung geht es in der Gottesfrage um einen Perspektivwechsel. Sie verabschiedet sich von der klassisch-abendländischen Anschauung, nach der Gott als ein im Prinzip ewig Unveränderlicher gedacht wird, als ein von der Welt unabhängiger Gott. Sie versucht, die Geschichte der Welt und die Geschichte Gottes mit den Menschen als eine universale Entwicklungsgeschichte zu deuten.

Ein solcher Ansatz ist in den letzten Jahrzehnten unter dem Einfluss des englischen Mathematikers und Philosophen Alfred North Whitehead (1861-1947) vor allem in der amerikanischen Theologie entwickelt worden. Whitehead betrachtet Natur und Welt nicht nur als reine Gegenstände, die man analysieren kann. Er fragt zugleich nach dem, der da analysiert: dem Menschen. Welche Rolle, welche Bedeutung kommt dem Menschen in der Evolution des Kosmos zu? Der Mensch ist zwar – wie jedes Lebewesen – von natürlichen Lebensbedingungen abhängig, hat aber im Unterschied zum Tier die Fähigkeit, seine Lebensverhältnisse kreativ zu entwickeln. Er kann seine Umwelt durchdringen. Er ist an der Zukunft des Kosmos schöpferisch beteiligt.

Hier wird die Frage nach dem Schöpferischen der Religion und des religiösen Menschen in existenzieller Weise relevant. Für die Prozesstheologie ist die Zukunft radikal offen. Und das bedeutet: Es gibt alle Möglichkeiten

einer Entwicklung, auch die des Scheiterns und des Untergangs. Es gibt keine göttliche Garantie dafür, dass die Geschichte des Menschen und auch die Geschichte jedes Einzelnen am Ende gut ausgehen werden. Eine Haltung, dass Gott die schlimmsten Schrecken schon verhüten werde, wäre naiv und verantwortungslos.

Wir können vom Geist und von der Materie nicht mehr so sprechen, wie es die Menschen früher getan haben. Wir erkennen heute, dass Geist eine Struktureigenschaft aller komplexen Systeme ist. Alles, was nach dem Urknall Materie, Raum und Zeit wird, entfaltet sich explosionsartig durch unendliche Folgen von Teilungen. Aber zugleich entstehen aus diesen Teilen überraschend neue, nie da gewesene Beziehungen.

Denn Geist ist die Kraft, die zur Teilung drängt und zugleich neue Zusammenhänge schafft – eine Kraft, die immer neue Lebensgestalten hervorbringt, die im Tod zwar ihre je irdische Gestalt aufgeben, nicht aber ihren Anteil an der Lebensenergie, dem Geist. Diese Kraft nimmt vielmehr alles, was sich im Kosmos an Bewusstseinskräften entwickelt hat, hinein in die weitere Evolution des Geistes (vgl. Jörns 2012, S. 98 f.). Gott ist in diesem Sinne etwas, das sich in der Welt als Welt selber entfaltet, also kein unveränderlicher, weltenthobener, sondern ein weltzugewandter, Freiheit stiftender Gott. Das ist ein Konzept von hoher Poesie und Kreativität und auch von Weisheit.

Schöpferisch ist eine Religion, die Gott nicht als handelnde Kraft neben den Geschöpfen, sondern als eine schöpferische Kraft in ihnen erkennt.

Was mich an dem Entwurf der Prozesstheologie überzeugt, ist, dass sie theologisches, naturwissenschaftliches und tiefenpsychologisches Denken miteinander zu verbinden versteht. Sie sieht

Gott als Zug- und Schubkraft den gesamten kosmischen Prozess durchdringen. Unter seiner An-

das schöpferische

ziehungskraft gestaltet sich die Materie immer komplexer und beziehungsreicher, bis sie schließlich beginnt, sich selbst zu steuern und zu organisieren. Die Geschichte des Kosmos stellt sich der Prozesstheologie sozusagen als ein Lernvorgang, als offener Lernprozess dar, dessen Ziel es ist, die eigene Entwicklung, seine Geschichte selbst zu steuern und zu bestimmen. Gott kommt im kosmischen Prozess sozusagen die Aufgabe eines Entwicklungshelfers zu.

Zitelmann 1995, S. 4

Gott ist demnach keine allmächtige Regelungs- und Kontrollinstanz, sondern ein lebendiges Geschehen, das die Freiheit und die Kreativität seiner Geschöpfe fördert. Noch zugespitzter formuliert, sieht die Prozesstheologie in der kosmischen Evolution selbst einen Prozess der Befreiung und Selbstwerdung seiner Geschöpfe angelegt. Die biologische Evolution, die wir mit dem Namen Darwin und dem Darwinismus verbinden, wird weiter nach vorn getragen durch die Bewusstseinsevolution. Ein neuer Evolutionshorizont gerät ins Blickfeld. Religionen könnten hier neue Evolutionshorizonte bilden.

Gott steht der Schöpfung nicht in ewiger Unveränderlichkeit gegenüber. Er ermöglicht vielmehr schöpferische Impulse, ist aber zugleich davon abhängig, ob und wieweit Menschen diese Impulse aufnehmen und weiterführen. Er setzt seine schöpferische Absicht nicht mit Gewalt durch, sondern er lässt sich auf einen Prozess der Liebe ein und wird – typisch für jede Liebe – davon abhängig, ob sie erwidert wird. In dieser freiwilligen, liebenden Begrenzung Gottes liegt der Impuls zu schöpferischer Transformation, die – theologisch gesehen – das Motiv und die Wirkkraft der Evolution ist.

Gottes schöpferischer Einfluss auf die Geschöpfe ist ein liebender Einfluss, da sein Ziel darin liegt, das zu fördern, was das Geschöpf als aus sich heraus gut erlebt.

Cobb/Griffin 1979, S. 55

Schöpferisch ist eine Religion, die vom Konkurrenzprinzip der Natur zum Kommunikationsprinzip der Geschwisterlichkeit führt.

Jesus hat in einer fast grenzenlosen Naivität eines galiläischen Provinzlers die Liebe und nicht die Gewalt gepredigt und gelebt. Genau darin entspricht er dem Gottesverständnis der Prozesstheologie. Er lebte in solch innerer Übereinstimmung mit Gott, dass in ihm Gott Mensch wurde. Wer so lebe wie er, der lebe – biblisch gesprochen – „in Christus". Christus ist der Vorläufer einer neuen Bewusstseinsevolution, der Erstgeborene einer neuen Menschheit:

Wenn jemand in Christus ist, dann ist er eine neue Schöpfung. Das Alte ist vergangen, Neues ist geworden.

2 Korinther 5, 17

Die Evangelien- und Briefeschreiber des Neuen Testaments erkennen in dem Mann aus Nazareth das Urbildhaft-Archetypische. Es ist diese Transparenzerfahrung, die ihnen die Augen öffnet. In dem Menschen Jesus kommt ihnen der Christus Gottes als „das wahre Selbst des Menschen" entgegen.

An Christus glauben meint also nicht die Verehrung eines außergewöhnlichen, vorbildlichen Menschen, sondern mit der archetypischen Wirksamkeit dessen in Berührung zu kommen, der sich in vielfältiger Weise manifestiert als der *Lehrer* und *Arzt*, als *Hirte*, als *Tür* zu den Menschen, als *Weg*, als *Wahrheit* und *Leben*", spirituell anschaulich auch in dem Bild vom *Weinstock*, mit dem die fruchtbringenden Reben organisch verbunden sind (vgl. Johannes 15).

C. G. Jung hebt den dynamisch-prozesshaften Aspekt des Christus-Archetyps hervor:

Das Ziel der psychologischen Entwicklung ist, wie das der biologischen, die Selbstverwirklichung resp. die Individuation. Da der Mensch sich nur als ein Ich kennt, und das Selbst als Totalität unbeschreibbar und ununterscheidbar von einem Gottesbild ist, so bedeutet die Selbstverwirklichung in religiös-metaphysischer Sprache die Inkarnation Gottes. Das ist in der Sohnschaft Christi ausgedrückt.

Jung 1953, S. 385

Wenn der Mensch werdende Gott nun die Kraft ist, die im Entwicklungsgang der Welt zum Ausdruck kommt, müssten dann nicht auch die alten, auf Konkurrenz und Gesetz beruhenden, „archaischen" Gottesbilder ausrangiert werden?

W. Obrist hat zumindest für den tiefenpsychologischen Sprachgebrauch vorgeschlagen, den Ausdruck „Gottesbild" beim heutigen Stand des Wissens über die Mutation des Bewusstseins zu vermeiden und stattdessen vom „Selbstsymbol" zu sprechen (vgl. Obrist 2002). Das bewusst gewordene *Hereinklappen der jenseitigen Welt* in die Psyche des Einzelnen lege dies im Grunde nahe. Kirchliche Dogmatiker tun sich an dieser Stelle bekanntermaßen schwer. Zu sehr befürchten sie wohl eine Vorstellung vom Heil als einer rein ichbezogenen Selbstverwirklichung. Solche Befürchtungen sind nicht neu.

Weil die Prozesstheologie Gott als die schöpferische und verwandelnde Kraft der Liebe beschreibt, tut sie dies so, dass sie sein Wirken zwar in personalen Bildern ausdrückt, Gott selbst aber nicht auf bestimmte personale Vorstellungen festlegt. Sie stellt damit klar: Gottvertrauen ist kein romantischer Restposten der Menschheitsgeschichte, keine Sonderwirklichkeit, sondern tief gründende Existenzerfahrung des Menschen. Durch Gott erfahren Menschen sich in einem unauslöschbaren Ur-Vertrauen auf den Wert ihrer Existenz, deren objektiver Grund Gott ist: Er ist ein personaler Gott, der sich in Christus dem Menschen vorstellbar und bewusst zuwendet, und er ist ein für Menschen unvorstellbarer Gott, weil er als Ursprung und Ziel allen Lebens spürbar und doch verborgen ist.

Gott ist der ideale Begleiter. [...] Er ist der Spiegel, der jedem Geschöpf seine eigene Größe enthüllt.
Whitehead 1990, S. 115

Literatur
Obrist, W. (2002): Tiefenpsychologie und Theologie. Stuttgart: opus magnum
Elliot, F. G. (1966): Pierre Teilhard de Chardins Welt-Anschauung. In: De Terra, H. (Hrsg.): Perspektiven Teilhard de Chardins. München: C.H. Beck
Jörns, K.-P. (2012): Update für den Glauben. Denken und leben können, was man glaubt. Gütersloh: Gütersloher Verlagshaus
Zitelmann, A. (1995): Wenn Affen beten – oder: Ein kleines ABC der Prozesstheologie. Achtseitiges Manuskript des Autors
Cobb, J. B. jr. / Griffin, D. R. (1979): Prozesstheologie. Eine einführende Darstellung. Theologie der Ökumene, Bd. 17. Göttingen: Vandenhoeck & Ruprecht
Jung, C. G. (1953): Symbolik des Geistes. Studien über psychische Phänomenologie. Zürich: Rascher
Whitehead, A. N. (1990): Wie entsteht Religion? stw 847. Frankfurt: Suhrkamp

Ludger Verst
Inhaber von INTERFAITH - Labor für soziale Kommunikation, einer Agentur für Medien, Bildung und Seelsorge in Dreieich; katholischer Religionslehrer und Diakon, Schul- und Krisenseelsorger im Bistum Mainz. Themenschwerpunkte: Religionspsychologie, Tiefenpsychologie, Religiöse Sprachlehre, Alltagsspiritualität und Beratung.

Eines Tages, nachdem wir die Winde, die Wellen, Ebbe und Flut und die Gravitation gemeistert haben, werden wir uns auch die Energien der Liebe nutzbar machen. Und dann, zum zweiten Mal in der Geschichte unseres Planeten, wird der Mensch das Feuer entdecken.

Pierre Teilhard de Chardin

Wer mit Urbildern spricht,
spricht wie mit tausend Stimmen,
er ergreift und überwältigt;
zugleich erhebt er das, was er bezeichnet,
aus dem Einmaligen und Vergänglichen
in die Sphäre des immer Seienden,
er erhöht das persönliche Schicksal
zum Schicksal der Menschheit,
und dadurch löst er auch in uns
alle jene hilfreichen Kräfte,
die es der Menschheit je und je ermöglicht haben,
sich aus aller Fährnis zu retten
und auch die längste Nacht zu überdauern.
Das ist das Geheimnis der Kunstwirkung.

C. G. Jung, GW 15, S. 95

Das Mädchen und der Künstler – Ein filmisches Stilleben

Ein Film von Fernando Trueba, 2012

Dieter Volk

Die komplexe Beziehung zwischen dem Künstler und seiner Muse ist seit Balzacs *Das unbekannte Meisterwerk* ein stetig wiederkehrendes Thema in Literatur und Film. Im Kino wurde das Verhältnis zwischen Künstler und Modell in den letzten Jahren vielfach aufgegriffen. Jacques Rivettes hat in *Die schöne Querulantin* (1991) Balzacs Erzählung filmisch verarbeitet. Eher historische Künstlerfilme sind Peter

Webbers *Das Mädchen mit dem Perlenohrring* (2003) oder Gilles Bourdos' *Renoir* (2012), und jüngst erregte Abdellatif Kechiche Aufmerksamkeit mit *Blau ist eine warme Farbe* (2013), einem eher schrill-voyeuristischen Musen-Melodram.

Der spanische Regisseur Fernando Trueba – bekannt geworden mit seinem Oscar-prämierten Film *Belle Epoque* (1992) – hat bislang eher beschwingte, bunte Streifen gedreht. So ganz anders als diese frühen Werke ist sein 2012 in Schwarzweiß entstandener Film *Das Mädchen und der Künstler*.

Eine filmische Meditation

Ein Film von klassischer Schlichtheit, dabei gleichermaßen schwelgerisch ausholend wie von asketischem Bescheiden. Schwelgerisch deshalb, weil er eine enorme Sinnlichkeit aus einer sehr simplen Kinogeschichte herausholt – ein greiser Bildhauer findet im besetzten Frankreich in einer jungen Spanierin die letzte Inspiration seines Lebens. Asketisch, weil er sowohl auf Farbe verzichtet als auch auf die Filmmusik. Ein Film, der auf die stillen Momente und kleinen Gesten und die Wirkkraft starker Bilder setzt.

Durchaus als eine Hommage an die Macht der Schönheit zu bezeichnen, ist er vor allem aber eine filmische Meditation über Jugend und Alter, über Leben und Tod, immer changierend zwischen den Polaritäten, zwischen Lebenslust und Vergänglichkeit, Trauer und Freude, formal zwischen Helle und Dunkel, zwischen intensivem, oft grellen (Sonnen-) Licht und harten, zauberhaften Schatten.

Fast zu stilsicher

Wenn in den ersten Sequenzen des Films der alte Künstler auf seinem Morgenspaziergang einen verwitterten Astknochen, ein leeres Nest, einen skelettierten Vogelschnabel als Zeichen der Vergänglichkeit betrachtet, sind dies Bilder von erlesener Ästhetik, als ob sie beabsichtigten, in eine Schule des Wahrnehmens, des Schauens und Hörens einzuführen.

Der Film verzichtet auf Farbe, dafür tut sich in den Kontrasten, in den dicht ausgeleuchteten Schwarzweißbildern, in den Grauwerten und den Naturgeräuschen eine eigene imaginäre Farbpalette auf. Trueba verzichtet auch auf Musik, stattdessen wird streckenweise die Stille geradezu zelebriert, werden Geräusche überhöht, ein fortwährendes Spiel mit Möglichkeiten formaler Gestaltung.

Dabei wird deutlich, dass sich der Regisseur, ähnlich der Arbeit des bildenden Künstlers, in seiner Kunst des Filmemachens auf die Suche nach der reinen Form von Bild und Ton begibt – hochstilisiert, fast allzu stilsicher. Dieses höchst eindrückliche Bemühen um Perfektion, diese formale Strenge bedeuten jedoch, dass die ästhetischen Effekte stellenweise Gefahr laufen, zu Klischees zu werden, manieriert und akademisiert, was dann vor allem die Nebenstränge der Geschichte kollidieren und bedauerlicherweise etwas oberflächlich und blass erscheinen lässt (die Rolle der Résistance im grenznahen Gebiet, das Leben im Untergrund, die Freundschaft zwischen dem Künstler und einem Nazi-Offizier, der eigentlich Kunstprofessor ist). Trotz solcher Einschränkungen ist sich die Kritik aber einig, dass Trueba ein filmisches Poem geschaffen hat.

Von der Inspiration verlassen

Der Sommer des Kriegsjahres 1943: Von seiner Inspiration verlassen und der Menschen müde, lebt der 80-jährige Bildhauer Marc Cros (Jean Rochefort) mit seiner Ehefrau und ehemaligen Muse Léa (Claudia Cardinale) in einem abgeschiedenen Pyrenäenstädtchen. Schon lang hat er kein Werk mehr geschaffen, ja seit Jahren nicht einmal mehr sein Atelier betreten.

Seine Frau ahnt, der Künstler möchte, – noch einmal und sein künstlerisches Leben abschließend –, eine Skulptur schaffen, in der die Schönheit des Lebens und die Erhabenheit der Kunst zum Ausdruck kommen. Sie spürt aber auch, dass es dazu eines kreativen, erotischen Reizes bedarf. Vermutlich hat sich Léa genau das erhofft, als sie eines Tages eine junge Frau kennengelernt und zu einer warmen Mahlzeit nach Hause eingeladen hat. Vielleicht kann das Mädchen, die junge Katalanin Mercè (Aida Folch), die sich auf der Flucht vor dem Franco-Regime befindet, ihren Mann wieder zu künstlerischem Schaffen bringen. Léa bietet ihr an, Logis in Marcs Atelier zu nehmen, das abgeschieden auf einer Anhöhe liegt, und im Gegenzug ihm fortan für sein letztes Werk als Modell zur Verfügung zu stehen.

Ein Entwicklungsprozess

Es ist beeindruckend, den kreativen Prozess, der letztlich ein Entwicklungsprozess beider Protagonisten ist, zu verfolgen und zu sehen, wie dezent, schamvoll zurückhaltend der Regisseur die Begegnung und Veränderung die-

ses so gegensätzlichen Paares darstellt. Dabei konzentriert sich der Film im Wesentlichen auf das Geschehen im oder ums Künstleratelier, geradezu ein geschlossener Raum.

Anfangs die Atmosphäre des verstaubten Ateliers fast zum Greifen nah: der Künstler mit seiner raumfüllenden Melancholie, versteinert, ungeübt, desorientiert sich an sein Vorhaben herantastend, denn seit langem sind seine Fähigkeiten zu künstlerischem Tun eingestaubt. Aber auch der Zugang zu seiner geistigen Vitalität, zu seinen inneren Potentialen, scheint unter Altersschichten verschüttet zu sein.

Das Mädchen, sein Modell, ängstlich, zuerst geniert, vor dem Alten nackt zu posieren, nicht wissend, auf was sie sich da einlässt. Allmählich aber weicht ihre Scheu, die Bereitschaft wächst, sich dem Abenteuer hinzugeben, während der Alte auf sie schaut

wie auf einen Gegenstand, dabei hilflos blickend, ungeschickt das Material formend, jeden Versuch mürrisch verwerfend. Noch kann er das Modell nur als äußeres Objekt erkennen, noch ist kein Funke übergesprungen zu seinem eigenen Inneren, zu seinen kreativen Quellen.

Blick und Gegenblick

Zwar ist Mercè befremdet vom eigenartigen Gehabe des Meisters, dennoch weckt dessen Blick ihr Interesse. Und etwas Überraschendes geschieht. Etwas, was immer wieder als typische Kommunikation zwischen dem Künstler und seinem Modell beschrieben wird: Der Blick des einen trifft auf den Gegenblick des anderen und setzt einen Austausch in Gang. Auch hier entsteht eine erste Blickbeziehung, im Wesentlichen ohne Worte, in spannungsgeladener Stille.

Lang ist Marc mit unendlichen Vorversuchen beschäftigt, aber es scheint, als erkenne er zunehmend nicht mehr nur das Modell als Objekt, sondern sehe auch den Menschen in ihm.

Und vorsichtig weicht die Sprachlosigkeit, sodass beide kurze Momente des persönlichen Austausches wagen.

Die Protagonisten beginnen sich zu öffnen und auch die Enge des Ateliers weitet sich. Mit malenden Vorstudien im Freien beschäftigt, beobachtet der Alte eines Tages, wie das nackte Mädchen im benachbarten Teich badet. Nicht nur er ist von der Schönheit dieses Bildes betört, auch der Zuschauer fühlt sich an die legendäre Szene erinnert, in der Anita Ekberg in Fellinis *Das süße Leben* in der Fontana di Trevi badet. Es sind kleine Posen, die sich in der lebendigen Bewegung beim Baden zeigen, aber sie sind von archetypischer Größe.

Von der Wirkkraft dieses Bildes getroffen, können endlich auch die inneren Bilder angestoßen werden, und der Künstler spürt, dass es ihm darum geht, in seinem letzten Werk eine Skulptur zu schaffen, die seinem Bild des vollkommenen Weiblichen entspricht. *Ich verfolge dieses Ziel mein Leben lang*, erklärt er Mercè.

Nichts wird dir offenbart,
wo Du nicht offen bist;
und außen siehst du nichts,
was dir nicht innen ist.
Das Äußre dient dir nur,
dein Innres zu entfalten,
dein Innres weiter dann,
das Äußre zu gestalten.

Friedrich Rückert (1788 – 1866)

ist in einer einzigen un-beabsichtigten Haltung Mercès, einer kleinen Geste der Erschöpfung, das da, wonach Marc so lange gesucht hat, so-dass es nun Gestalt an-nehmen kann.

Die Skulptur entsteht, nimmt Form an. Marc und Mercè, im Laufe des schöpferischen Prozes-ses selber geformt und sich wandelnd, haben etwas Drittes, das Werk, geschaffen. Ihr Werk ist vollendet, und beide können, sich trennend, ihrer Wege gehen. Das Mädchen den Weg der Jugend hinaus, aufbre-chend in die gefährliche Welt, und der Künst-ler, dem Ende nahe, bleibt zurück mit seiner Skulptur, mit Gefühlen von Trauer und Ab-schied, um seinen eigenen, den letzten Weg wissend.

Die letzte Frage allerdings lässt der Regis-seur für den Zuschauer offen, indem er mit einem prägnanten Geräusch stilsicher den Schlussakkord setzt.

Das Mädchen und der Künstler (2012) ist als DVD im Handel erhältlich.

Plötzlich und unerwartet

Beide bemühen sich angestrengt, dieses Bild gestaltend zu fassen. Pose um Pose, Versuch um Versuch. Vergebens. Aber nicht Enttäu-schung und Verzweiflung begleiten ihr Tun. Denn inzwischen hat sich zwischen Künstler und Modell eine zarte Freundschaft entspon-nen, ein Austausch der Gaben von Jugend und Weisheit.

Während Marc mit seinem Werk ringt, spricht er mit dem Mädchen über die Mühen des Al-ters und den nahenden Tod. Auch kreisen seine Gedanken um das Verhältnis von Wirk-lichkeit und Abbild, um das Wesen der Kunst und der Schönheit – ganz Weisheit –, und doch etwas zu pathetisch und abgehoben geraten. Zugleich sorgt Mercè mit ihrer Jugend dafür, dass die Geschehnisse der Welt draußen, die Realität noch einmal Einzug in den Elfenbein-turm des Ateliers hält. Und Marc will mehr aus ihrem jungen Leben zu wissen. So erfährt er, dass das Mädchen, das ihm tagsüber Modell sitzt, des Nachts verschwindet, um Flüchtlinge über die Grenze zu bringen.

Der Archetyp muss im Persönlichen leben-dig werden. So auch hier. In der freundschaft-lichen Begegnung mit der jungen Frau kann die Idee, – das große archetypische Bild des Weiblichen –, lebendig, gewissermaßen be-seelt werden. Denn plötzlich und unerwartet

Dieter Volk
Analytischer Kinder- und Jugendlichen-Psychotherapeut, Dozent am C. G. Jung-Institut Stuttgart. Dort Initiator der Veranstaltungsreihe „Film im Keller".

C. G. Jung & Erich Neumann

Neue Einblicke in einen fast vergessenen Dialog

Symposium am C. G. Jung-Institut in Stuttgart
anlässlich der deutschen Erstveröffentlichung des Jung-Neumann-Briefwechsels
21.11.2015

berichte

Herbsttag

Herr: Es ist Zeit.
Der Sommer war sehr groß.
Leg Deinen Schatten auf die Sonnenuhren,
und auf den Fluren lass die Winde los.

Befiehl den letzten Früchten voll zu sein;
gib ihnen noch zwei südlichere Tage,
dränge sie zur Vollendung hin und jage
die letzte Süße in den schweren Wein.

Wer jetzt kein Haus hat, baut sich keines mehr.
Wer jetzt allein ist, wird es lange bleiben,
wird wachen, lesen, lange Briefe schreiben
und wird in den Alleen hin und her
unruhig wandern, wenn die Blätter treiben.

Rilke, R. M. 1902, Paris

Es war ein klassischer Novembertag: kühl, grau, trüb und nass, also einer der Tage, die uns zum Rückzug in unsere Häuser einladen. In seinem Gedicht *Herbsttag* beschreibt Rilke, was er mit einem solchen Rückzug verbindet, nämlich das Wachen, Lesen und Briefe schreiben.

Wenn wir uns an seinem herbstlichen Empfinden orientieren, konnte das Symposium anlässlich der deutschen Erstveröffentlichung des Jung-Neumann-Briefwechsels kaum einen geeigneteren Zeitpunkt für seine Veranstaltung finden. An die 70 Leute kamen im C. G. Jung-Institut in Stuttgart zusammen, um den Briefwechsel der beiden bedeutenden Männer der Analytischen Psychologie zu würdigen.

Die Moderation des Tages übernahm Dr. Konstantin Rößler, dem es gelang, in einer Mi-schung aus Respekt, Pfiff, Klarheit, Inspiration und Humor die Aufmerksamkeit der Teilnehmer bis zum Ende der Veranstaltung ungebrochen aufrechtzuerhalten.

Dr. Christiane Neuen, Lektorin im Patmos-Verlag, leitete das Symposium ein. Sie zeigte sich sichtlich beeindruckt vom ernsthaften Ringen Jungs und Neumanns um das Verstehen zentraler tiefenpsychologischer Fragen. Dieses gewinne im Verlauf des Briefwechsels zunehmend an Transparenz. Nicht weniger eindrucksvoll schien ihr die sich dabei entwickelnde Beziehungsgestalt zwischen den beiden Männern zu sein. Für Neumann, der immer wieder Isolation, Einsamkeit und mangelnden geistigen Austausch unter Gleichgesinnten beklagte, waren die Briefe Jungs über einen großen Zeitraum seines Lebens hinweg wesentliche Lichtblicke. Am 11. September 1933 nahm der Briefwechsel seinen Beginn. Das Ende fand er in einem Kondolenzbrief Jungs am 23. Januar 1963 zum frühen Tod Neumanns.

Um der Wirkung, die das vertiefte Lesen eines persönlich verfassten Briefes im Menschen hervorzurufen vermag, intensiver nachspüren zu können, las K. Rößler einen anlässlich des Symposiums an das C. G. Jung-Institut verfassten Brief vor. Die Originalität des Beitrags gerade in einer Zeit wie der unsrigen, die sich kaum mehr dieses Mediums, sondern fast ausschließlich elektronischer Kommunikationsmittel bedient, weckte neben schmunzelnden Gesichtern intensive Aufmerksamkeit bei der Zuhörerschaft. Rößlers Brief beschrieb Jung als geistiges und imaginatives Gegenüber für Neumann. Beim Verfassen der Briefe habe Neumanns bewusstes Ich gleichsam ei-

Johannes Schlichting rezitiert aus Briefen Neumann ans Jung

ner Imagination Zwiesprache mit Jung gehalten. Dabei habe sich Neumann im Verlauf des Briefwechsels sowohl mit der realen Antwort Jungs, als auch mit der imaginierten konfrontiert gesehen.

Die konzentrierte Aufmerksamkeit der zusammen gekommenen Menschen fand einen weiteren Höhepunkt in der daran anschließenden Lesung aus dem originalen Briefwechsel. Mit großer Leidenschaft begab sich Johannes Schlichting in die Rolle Neumanns hinein, welcher in einem Brief an Jung aus dem Jahre 1939 zu einem neuen jüdischen Anfang aufrief. Dieser konzentriere sich nicht mehr auf das Judentum, sondern auf den jüdischen Menschen, dessen Aufgabe es sei, zur Ganzheit und Einheit seiner selbst zu finden. Die Erkenntnis Neumanns entsprang seinen eigenen archetypischen Träumen und Bildern, die im Symbol des Hermaphroditen gipfelten.

Aus der väterlichen Rolle Jungs heraus äußerte Klaus Aichele in seinem Antwortbrief bei allem Respekt den Wunsch nach Verdünnung der geballten archetypischen Trauminhalte Neumanns.

Über die schöpferische Kraft in Jungs wie Neumanns Psyche referierte dann Prof. Dr. Lutz Müller. Er leitete seinen Vortrag mit dem Betrachten eines sich an der Leinwand ständig verändernden Mandalas ein, worin sich für ihn das ewig sich erneuernde pulsierende Mysterium spiegelte. Er motivierte die Zuhörenden und Zuschauenden, ihr eigenes Mandala zu verwirklichen.

Mit Blick auf das schöpferische Potenzial, das Jung in sich selbst wie in jedem Menschen schlummernd entdeckte, wies er auf Jungs Traum vom Phallus auf dem Thron hin, den dieser im Alter von vier Jahren träumte (vgl. Jung/Jaffé, S.18/19). Zeit seines Lebens blieb der Traum sein Begleiter im Sinne der nie endenden Suche nach dem Schöpferischen im Unbewussten.

L. Müller ging auf Äußerungen Jungs ein, in denen er die schöpferische Kraft als eine dämonische Kraft in sich selbst beschrieben habe. Sie gehe einher mit dem Gefühl, einem höheren Willen gehorchen zu müssen. Ziel des Individuationsprozesses bedeute für Jung nicht, den Drachen des Unbewussten zu töten, sondern in eine lebendige Beziehung mit ihm zu treten. L. Müller verwies auf die alchemistische Symbolik, in der Jung Parallelen zu seinen Fantasien und dem Individuationsprozess entdeckte.

Erich Neumann habe Jungs Anliegen fortgeführt, erweitert, differenziert, systematisiert. Dies werde ganz besonders deutlich in seinem Werk „Die Ursprungsgeschichte des Bewusstseins." Er habe auch – in seinem Werk „Tiefenpsychologie und neue Ethik" – die verantwortliche Auseinandersetzung mit dem Schatten nicht nur als eine individuellen, sondern auch als eine ganz zentrale gesellschaftliche Aufgabe gesehen..

Der schöpferische Mensch sei ihm ein weiteres wichtiges Anliegen gewesen, wobei er dem weiblichen Prinzip eine besonders wichtige Rolle zugeschrieben habe.

Der Vortrag regte zur lebendigen Diskussion an, die sich aufgrund der aktuellen politischen Brisanz auf die Frage des Umgangs mit dem persönlichen wie kollektiven Schatten konzen-

Klaus Aichele rezitiert aus Briefen Jungs an Neumann

trierte. Die Schattenthematik bleibe, so L. Müller, ein moralisches Problem, auf das es keine endgültige Antwort gäbe; es bleibe dem Menschen wohl verwehrt, eine Auflösung der darin liegenden Konflikte zu erreichen.

Dass L. Müllers Vortrag bei der Zuhörerschaft auf große Resonanz stieß, zeigte sich nochmals während der anschließenden Kaffeepause, in der die Diskussion der Großgruppe in kleinen Gruppen bei einer Tasse Kaffee und kulinarischen Köstlichkeiten seine je eigene Fortsetzung fand. Daneben erfreute der aufgebaute Büchertisch des Patmos-Verlags die neugierige Besucherschaft.

Frisch gestärkt lauschten die Teilnehmer und Teilnehmerinnen nach der Pause Prof. Dr. Brigitte Dorsts Vortrag über die Große Göttin und Sophia, die weibliche Weisheit. B. Dorst begab sich gemeinsam mit den Zuhörenden auf die Suche nach ihr. Exemplarisch wies sie auf Spuren in der jüdischen Mystik, dem Alten Testament der Bibel, den gnostischen Texten, den Jesusworten des Neuen Testaments, der mittelalterlichen Buchmalerei, den Visionen Hildegards von Bingen, der orthodoxen Tradi-

tion hin. Im Verlauf der Geschichte des Menschen sei die Große Göttin und Sophia immer da gewesen. Allerdings habe dieser sein Augenmerk über den langen Zeitraum des Patriarchats hinweg wenig auf sie gerichtet, vor allem nicht im Hinblick auf die letztendliche Bedeutsamkeit, die sie in Bezug auf jegliches Leben habe.

B. Dorst versteht Jungs Antwort auf Hiob als sein persönliches Ringen mit dem Vatergott Jahwe, als die sich in ihrer Not äußernde Seele Jungs, als sein eigenes Sehnen nach Ganzheit und Einheit, was für Dorst gleichbedeutend ist mit dem Sehnen nach der *sapientia dei*. Während ihrer Ansicht nach Neumann in seinem Sein und Handeln von der Sophia herkomme, sie – in Gestalt der liebenden Bezogenheit, nicht des abstrakten Wissens – für ihn die höchste Substanz darstelle, sei sie für Jung in seiner Auseinandersetzung mit Jahwe zu keinem wirklichen Weg geworden. B. Dorst sieht Jahwe und Sophia bei Jung nicht miteinander verbunden.

Auch B. Dorsts Vortrag regte zu lebendiger Diskussion an. Warum denn weiterhin immer noch zwischen männlich und weiblich getrennt würde, stand als Frage im Raum. An der Schwelle unserer Zeit gehe es doch nicht mehr um den weiblichen und den männlichen Archetyp, sondern viel mehr um den ganzen Menschen. Psychische und soziale Aspekte wie Mitmenschlichkeit, Aufeinanderbezogensein, Verbundenheit gehörten zur Berufung des Zeitgeists. Dass der Mensch es im Laufe seiner Geschichte geschafft habe, die heilige Erde zum schmutzigen Dreck zu machen, wurde mit Entsetzen, Trauer und Schmerz artikuliert.

Bewegt wird so mancher und manche in die Mittagspause gegangen sein, um in Form eines Snacks auf der Hand oder eines Mittagessens im Restaurant die basalen Bedürfnisse zu stillen und zugleich die vielen anregenden Impulse des Vormittags zu verarbeiten.

Nach der Mittagspause folgte Gerhard M. Walchs Vortrag über Neumanns *Ursprungsgeschichte des Bewusstseins*. Gleich zu Beginn wies er darauf hin, wie stark Jung beeindruckt gewesen sei von der Klarheit und Präzision des Werkes. Neumann habe mit der *Ursprungsgeschichte* eine auf der Tiefenpsychologie basierende Kulturtheorie entwickelt. G. Walch beschrieb sieben verschiedene Sichtweisen auf das Werk Neumanns:

Eine Möglichkeit sei, die Ursprungsgeschichte des Bewusstseins als Abfolge der Phasen des Ich-Bewusstseins zu betrachten oder zweitens als Abfolge der Stadien der Archetypen.

Eine dritte Möglichkeit sei die Betrachtung unter dem Aspekt der mythologischen Entwicklungsstadien.

Des weiteren könne man das Werk anschauen aus der Perspektive der Entwicklungsgeschichte der Erscheinungsformen des Numinosen oder aus dem Blickwinkel der rituellen Entwicklungsstadien.

Auch sei es möglich, die Ursprungsgeschichte des Bewusstseins anzusehen als Beziehung zwischen dem System Bewusstsein und dem System Unbewusstes sowie ihres Automorphismus im Sinne der Selbstgestaltungstendenz des Bewusstseins gegenüber dem Unbewussten.

Nicht zuletzt spiegele das Werk die Geschichte der Beziehung zwischen zwei psychischen Zentren, deren Tendenz sich beständig in Richtung Zentroversion bewege.

G. Walch beschrieb die drei großen Phasen, die Neumann in seinem Werk ausführlich darlegt, nämlich die Ursprungseinheit, den Heldenmythos und den Wandlungsmythos. Im Durchlaufen der Phasen würde das Ich zum Instrument der Selbstoffenbarung. Ziel jeglichen Individuationsprozesses sei die Vereinigung des Ich mit dem Selbst, nicht im Sinne der Vereinigung der Gegensätze, sondern viel mehr im Sinne der Ganzwerdung der Psyche.

Als hätten sich die beiden Vortragenden abgesprochen, verwies auch G. Walch, ähnlich wie L. Müller, auf das Mandala als alles vereinigendes, den Tod überwindendes Symbol. Sein Vortrag sorgte trotz Mittagszeit ein weiteres Mal für anregende Diskussion. Dabei wurde besonders die transpersonal archetypische Betrachtungsweise Neumanns auf jegli-

Blick in den Zuhörerraum

ches Leben hervorgehoben im Gegensatz zu Freuds reduktionistisch personalistischem Zugang zum Leben. Inwieweit sich auch in Neumanns Werk vornehmlich die patriarchale Kultur spiegele, blieb in der Diskussion ein Stück weit offen.

Zum krönenden Abschluss der Veranstaltung lasen J. Schlichting und K. Aichele in den Rollen des Neumann und des Jung nochmals aus dem originalen Briefwechsel vor. Diesmal ging es um Hiob und sein Streitgespräch mit Gott, worin sie mit ihrem Beitrag eine Brücke schlugen zu Dorsts Vortrag über die Sophia.

Mit viel Applaus, der nach Zufriedenheit, Inspiration und Erfüllung klang, endete die bemerkenswerte, ungewöhnliche, bisher einmalige Veranstaltung. Neben den Vortragenden und Moderierenden gehörte auch dem Team um Gisela Lohmann der große Dank der Zuhörerschaft. Denn es hatte die Organisation des Symposiums wie die konkrete Rahmengestaltung des Tages hervorragend vorbereitet und durchgeführt.

Sabine Grumann

*Die Psychologie des Schöpferischen
ist eigentlich weibliche Psychologie,
denn das schöpferische Werk wächst
aus unbewußten Tiefen empor,
recht eigentlich aus dem Reiche der Mütter.
Überwiegt das Schöpferische, so überwiegt das Unbewußte als
leben- und schicksalgestaltende Kraft gegenüber dem bewußten
Willen, und das Bewußtsein wird von der Gewalt eines
unterirdischen Stromes mitgerissen, ein oft hilfloser Zuschauer der
Geschehnisse. Das wachsende Werk ist des Dichters Schicksal und
bestimmt seine Psychologie.*

C. G. Jung, GW 15, S. 119

Impressum

Jung-Journal
Forum für Analytische Psychologie und Lebenskultur
Jahrgang Heft 35, März 2016
ISSN: 1867-4690 ISBN: 978-3-939322-35-1

Herausgeber
C. G. Jung-Gesellschaft Stuttgart Alexanderstr. 92,
70182 Stuttgart

Bankverbindung
opus magnum, Postbank, BLZ: 60010070
Konto-Nr.: 570344702
IBAN: DE60 6001 0070 0570 3447 02
BIC: PBNKDEFF

Erscheinungsweise, Abo, Vertrieb
Halbjährliches Erscheinen im März und September
Ein Jahresabonnement mit 2 Heften kostet € 15,-
incl. Versandkosten. Bestellungen über:
Internet: www.jung-journal.de
E-Mail: mail@jung-journal.de
Postadresse: opus magnum
Hirsauer Str. 39, 70569 Stuttgart

Redaktion
Prof. Dr. Lutz Müller, Anette Müller,
Margarete Leibig, Bernd Leibig, Dieter Volk

Layout
Lutz Müller, Barbara Fischer

Texte zwischen den Artikeln
Lutz Müller, Anette Müller

Bildnachweise
Wenn nicht anders angegeben stammen alle Abbildungen
aus lizenzfreien Quellen des Internet.

Webmaster
Walter Fleritsch

Druck
Kohlhammer Stuttgart

Verlag
opus-magnum, Stuttgart, www.opus-magnum.de

Die Inhalte der Artikel geben nicht unbedingt die Meinung der Redaktion wieder. Für unverlangt eingesandte Manuskripte übernehmen wir keine Haftung.

Karl Heinz Brisch
Kindergartenalter
Reihe Bindungspsychotherapie – Bindungsbasierte Beratung und Therapie, Band 3
Klett-Cotta 2015, 211 Seiten, € 23,95
ISBN: 978-3-608-94830-1

Dieser Band ist für Kinder- und Jugendlichenpsychotherapeuten besonders lesenswert, weil er sehr konkret in Bindungsstörungen in diesem Alter einführt und sie anhand von lebendigen Fallbeispielen illustriert.

Es handelt sich um das Alter, in dem uns Kinder häufig mit gravierenden Verhaltensauffälligkeiten vorgestellt werden, die eine kinderpsychotherapeutische Behandlung erfordern.

Im ersten Teil werden nochmals sehr anschaulich die Grundlagen der Bindungspsychotherapie erörtert. Der Fokus wird hierbei auf die Interaktion zwischen Eltern, Erzieherinnen und Kindergartenkindern gelegt. Ein wichtiger Aspekt ist die Tatsache, dass Bindungsstörungen häufig über Generationen weitergegeben werden. So stellt sich dem Kindertherapeuten die Aufgabe mit den Eltern an ihrer eigenen häufig negativen Bindungserfahrungen zu arbeiten, um die Weitergabe an die nächste Generation zu verhindern.

Im zweiten Teil geht es um die Frage der Bindungsentwicklung im Kindergartenalter.

Hierbei beschreibt Brisch erneut in seiner anschaulichen Weise das bindungsvermeidende, das bindungsambivalente und bindungsunsichere Verhalten von Kindern in diesem Alter. Des Weiteren steht das Problem des desorganisierten Bindungsverhaltens, ebenso wie Bindungsstörungen in ihrer umfassenden Thematik und Problematik im Mittelpunkt.

Eindrücklich erörtert Brisch die Bedeutung von Mutter, Vater und anderer Bindungspersonen für Kindergartenkinder.

Der dritte Teil beschreibt anhand von beeindruckenden Fallbeispielen konkrete Symptome, den Zusammenhang mit den zu Grunde liegenden Bindungsstörungen, aber auch die möglichen positiven Veränderungen über eine kinderpsychotherapeutische Behandlung.

Interessant und außerordentlich hilfreich ist die Auflistung verschiedener Symptome, über die in den Erstgesprächen mit Eltern immer wieder geklagt wird. Da finden wir uns im Praxisalltag gesehen und verstanden und können aus der häufig sich einstellenden Verwirrung einen Weg des Verständnisses und der gelingenden Hilfe finden. Die bei allen Fallbeispielen nachvollziehbare Rückführung auf eine reaktive Bindungsstörung aufgrund aktueller belastender Situationen (Trennung Scheidung) aber auch durch frühe traumatische Erfahrungen (Adoption, Vernachlässigung, Gewalt,) ermöglicht Distanz ebenso, wie verstehende Akzeptanz. Wichtig erscheint mir, dass es in den Beispielen nie um einen bewertenden erhobenen Zeigefinger geht, sondern dass überall die besondere Fähigkeit Brischs, liebevolles Verständnis ebenso, wie konkrete Hilfe in der Notsituation anzubieten, hindurch schimmert.

Über die bezogene Begleitung des Autors erleben Eltern vielleicht zum ersten Mal am eigenen Leib, was gute Bindung ausmacht. Häufig können sie deshalb über die Identifkation neue Schwerpunkte in ihrem eigenen Leben setzen und Kinder aus Delegationen und Projektionen entlassen.

Zu dieser Perspektive gehört der beeindruckende Entwurf, bereits im Vorfeld bei Kindern Empathie zu fördern und die Basis für eine gute Bindungsentwicklung zu schaffen.

Über die Beobachtung der Interaktion zwischen Mutter und Kleinstkind werden Kindergartenkinder angeleitet, sich einzufühlen und ihre Beobachtungen zu verbalisieren.

Die mit Hilfe von B.A.S.E. realisierte Prävention hat bereits zu beeindruckenden Ergebnissen geführt. Kindergartenkinder, die gelernt haben, sich einzufühlen, ihre Gefühle in Worte zu fassen und damit umzugehen, sind auch im späteren Kindesalter weniger aggressiv, deutlich ruhiger, verfügen über mehr Konzentration und eine bessere soziale Integrität.

Karl Heinz Brisch hat in seiner praxisorientierten Reihe nach den ersten zwei Bänden über Schwangerschaft und Geburt, sowie über Säuglings- und Kleinkindalter ein beeindruckendes Buch geschrieben. Es zeugt von seiner liebevollen und bezogenen Begleitung von Kindergartenkindern und ihre Eltern, für seine im wahrsten Sinn therapeutische, das heißt heilende Haltung, die in diesem frühen Alter menschliche Konflikte bei Kindern wie ihren Eltern in ein lösendes Gleichgewicht bringt.

Das Buch hilft in seiner konkreten Form, die ohne eine dem Laien unverständliche psychologische Fachsprache auskommt, allen Lesern, Eltern, Kinderärzten, Pädagogen und Kindertherapeuten einen offenen Blick für Schwierigkeiten und Notwendigkeiten unserer Kinder im Kindergartenalter zu gewinnen.

Jeder Laie wird das Buch mit Gewinn lesen. Gleichzeitig bleibt es auch für den Fachmann, die Fachfrau, eine Lektüre voller Anregungen und Impulse für ein besseres Verstehen, aber auch Handeln. Und schließlich atmet das Buch etwas von einem Geist der Liebe zum Menschen, der die unerlässliche Voraussetzung für jedes therapeutische Tun darstellt. So ist das Buch im besten Sinn ein Bindungsbuch, das man nach dem Lesen berührt auf die Seite legt, um sich in Krisensituationen wieder darauf zu besinnen und immer neu zuversichtlich nach vorn zu schauen.

Wir dürfen auf die folgenden Bände gespannt sein und uns freuen.

Christiane Lutz

Brigitte Dorst
Resilienz
Seelische Widerstandskräfte stärken
Patmos Verlag 2015, 176 Seiten, € 14,99
ISBN: 978-3-8436-0632-5

Die Umschlagsgestaltung des neuesten Buches von Brigitte Dorst, *Resilienz*, bildet vier Ginkgoblätter ab. Sie färben sich von rechts nach links vom zarten Grün über helles und dunkleres Gelb hin zum satten Braun: eine Skala der jahreszeitlichen Wandlungsphasen. Mit Bedacht wurde für den Einband auf den Ginkgo zurückgegriffen, weil der Ginkgo symbolisch den Untertitel dieses Buches darstellt: Seelische Widerstandskräfte stärken.

In klarer und differenzierter Weise übernimmt Brigitte Dorst in ihren Ausführungen die Symbolkraft des (Ginkgo-) Baumes, der mit seinen Verwurzelungen in unseren Wesens- und Urgrund greift, sich dort ebenso verzweigt wie die Äste des Baumes in die Höhen der Transzendenz. Der Stamm verbindet die Kernfrage der Individuation: „Wo kommen wir her?" mit der „Wohin richten wir uns aus und auf?"

Was in der Öffentlichkeit als Resilienz publiziert wird, entspricht der Symbolik des Baumes als Repräsentant der Ich-Selbst-Dynamik. Es ist das Verdienst der Autorin, in ihrem Buch darzulegen, wie der Resilienz-Begriff in der Analytischen Psychologie vertreten ist und wird. Prof. (em.) Dr. Brigitte Dorst, Dipl.-Psych., ist approbierte Psychotherapeutin und neben vielen anderen Aufgaben ist sie Wissenschaftliche Leiterin der interdisziplinär orientierten Internationalen Gesellschaft für Tiefenpsychologie.

Brigitte Dorst gelingt es, den Begriff der Resilienz aus der Sicht und mit der fundierten Erfahrung einer Jung'schen Psychotherapeutin darzustellen. Damit bereichert sie den Literaturmarkt mit einem auch für eine breite Öffentlichkeit gut verstehbaren Entwurf aus der Analytischen Psychologie. Ihr Anliegen hebt sich ab von den vielen Beiträgen, die auf Leistungsoptimierung abzielen. Resilienz wird als eine heilende Wirkkraft der Individuation dargestellt. Darauf verweist auch ein Zitat C. G. Jungs zu Beginn von Teil 1:

Ich vertraue, dass in jedem Menschen ein Lebenswille am Werk ist, der ihm hilft, das zu wählen, was ihm entspricht.

Teil 1 *Schwierige Zeiten bewältigen*
führt belastende Lebenssituationen auf, deren Bewältigung nicht reibungslos gelingen will, wo der Zugang zu kreativen Lösungen blockiert erscheint. Zitate aus Literatur und Wissenschaft regen die Lesenden an, innezuhalten und das Gelesene assoziativ schwingen zu lassen. Mit einem Ginkgoblatt und schattiertem Grund hervorgehobene Blöcke regen zur Selbsterforschung an, die erste Schritte zur Aktivierung von seelischen Widerstandskräften anregen. Diese zum Verweilen anregenden Einschübe laden zum Entschleunigen ein. Das Gelesene kann subjektiv aufgenommen und erfasst werden.

Teil 2 Resilienz aus tiefenpsychologischer Sicht wird wiederum mit einem Zitat von C. G. Jung eingeleitet: „Der Mensch aber kann mit sich selbst nicht weiterkommen, wenn er über seine Natur nicht Bescheid weiß."

In diesem Teil 2 werden die Grundideen der Analytischen Psychologie vermittelt und der Weg für den folgenden wesentlichen Teil dieses Buch vorbereitet: die Offenheit für Bilder und Symbole der inneren Welt. Auch wenn der Begriff der Resilienz nicht von C. G. Jung verwendet wurde, vermitteln die Ausführungen deutlich, wie er in der Ich-Selbst-Dynamik bereits enthalten ist.

Teil 3 *Die Seele stärken mit inneren Bildern und Symbolen*
bietet beispielhaft den kreativen Umgang mit einigen ausgewählten Symbolen an. In die Ausführungen eingebundene Amplifikationen bringen den Lesenden Anregungen nahe, wie sie aus dem Umgang mit Symbolen ihre verborgenen Widerstandskräfte aufsteigen lassen und intensivieren können. So kann die Lektüre zu einem Wegbegleiter in Krisensituationen werden.

Zur Meditation einladende Passagen regen sowohl zum Nachdenken an als auch zum Meditieren der vielfältigen Impulse. Dabei öffnet die Autorin ganz behutsam auch Türen in den spirituellen Bereich. Ebenso werden Märchen als bewährte Wegweiser in den Kanon der Resilienz aufgenommen. In zusammenfassenden Deutungen wird die Lebenskraft der Märchen dargestellt und den Lesenden angeboten, sich mit Aspekten zu identifizieren, die Wunden heilen lassen und den Weg der Individuation fördern.

Im abschließenden Teil 4 *Mit sich selbst in Einklang kommen*
vertieft Brigitte Dorst den Übungscharakter ihrer literarischen Wegbegleitung. Imaginationen und Meditationen runden die Annäherung an den Begriff der Resilienz ab und heben nochmals den Übungscharakter hervor, die eigenen seelischen Widerstandskräfte zu mobilisieren und zu stärken.

Es geht diesem Buch nicht um Leistungsoptimierung und Zielerfüllung von Managementangeboten. Es zielt nicht darauf ab, Kräfte gegen etwas aufzubauen, sondern Kräfte für die eigene Individuation zu entdecken und sich von ihnen unterstützen zu lassen, sich selbst zu werden.

Zum Schluss stellt sich die Frage, warum der Begriff der Resilienz in den vergangenen Jahren eine solche Resonanz gefunden hat?

Einerseits hängt es vermutlich mit den verschiedenen Spezialisierungen einer traumaorientierten Psychotherapie zusammen. Der Bewältigung von Traumata geht die Stabilisierung mit ihren imaginativen Verfahren voraus, die die seelischen Widerstandskräfte stärken, um im weiteren psychotherapeutischen Verlauf die Traumata erst bearbeiten und bewältigen zu können.

Andererseits könnte die vermehrte Auseinandersetzung um Resilienz auch als Reaktion auf das Erleben der heillosen Welt verstanden werden. Alltägliche Gewalt, Fremdenfeindlichkeit und weltweiter Terror rufen Ängste hervor. Der Bedrohung durch äußere Gefährdungen begegnet die Sehnsucht der Resilienz nach widerstandsfördernden Re-Aktionen.

Das Buch von Brigitte Dorst bietet einer auch nicht psychotherapeutisch geschulten Öffentlichkeit Orientierung und Übungsanleitungen, den eigenen Krisen mit seelischen Widerstandskräften zu begegnen, ohne dabei eine fachkundige psychotherapeutische Begleitung zu vernachlässigen.

Günter Hammerstein

**Rolf Kaufmann
Monotheismus:
Entstehung, Zerfall, Wandlung**
opus magnum 2016, 352 S., € 12,90
ISBN 978-3956120107

Dieses Buch möchte ein Kompass sein im weltanschaulichen Dschungel der Gegenwart. Zur Zeit vollzieht sich eine fundamentale Wandlung der Religion: Die traditionelle, der Übernatur verpflichtete Kollektiv-Religion wandelt sich in individuelle, natürliche Spiritualität. Dieser Prozess ist unaufhaltsam und irreversibel.

Das Christentum ist hierzulande mit seinem Latein am Ende; die beiden anderen abrahamitischen Religionen, Judentum und Islam, werden mit ihrem Hebräisch und Arabisch in Zukunft dasselbe Schicksal erleiden. Die Zeit des Monotheismus läuft aus; er ist veraltet,

dogmatisch, hierarchisch, undemokratisch, frauen-, leib- und fortschrittsfeindlich. Einst war er ein Motor der Bewusstseinsevolution; nun ist er zu einem Hemmschuh derselben geworden.

Bei der Mutation der Kollektiv-Religion in individuelle Spiritualität wird das Jenseits in die Natur integriert, und aus der Beziehung zur Übernatur wird die Beziehung zum natürlichen Seelengrund.

Die religiöse Metamorphose ist eine Folge der tiefenpsychologischen Entdeckung, dass numinose Erfahrungen nicht Offenbarungen von drüben sind, sondern innere Wahrnehmungen. Dadurch wird das einst nach außen projizierte Jenseits zu einem Bereich unserer Psyche. Die Tiefenpsychologie wird die Theologie ablösen, und aus den Tempeln der Religionen werden «Häuser der Begegnung», wo sich Menschen aller Kulturen in Freiheit austauschen.

Zurzeit wehren sich die Religionen verzweifelt gegen ihr: «Stirb und Werde!», im Irrglauben, sie seien für die Ewigkeit geschaffen. Doch ihr Kampf ist der eines Don Quijote: Sie kämpfen gegen die Windmühlenflügel der Evolution.

Verlagsankündigung

Anna Elisabeth Röcker
Meditation für Alle
Vier-Schritte-Programm zur Meditation und
Achtsamkeitsübungen für jeden Tag, mit CD
Mankau Verlag, 2015
190 Seiten, 18,90 Euro
ISBN 978-3-86374-230-0

Anna Röcker erzählt zu Beginn eine berührende Begegnung mit einer Inderin in Salzburg, die in der Tradition der Hindu aufgewachsen ist. Sie sagt ihren Kindern: *Wann immer ihr Angst vor etwas habt oder ständig an etwas denken müsst, dann denkt an die Wolken im Himmel. So wie die Wolken weiterziehen, so vergehen auch Eure Gedanken wieder, wenn ihr sie nicht festhaltet.*

Meditieren, so sagte sie, gehöre in dem Verständnis, in dem sie aufgewachsen sei, zu den natürlichen Fähigkeiten des Menschen, wie Sprechen oder Nachdenken. Genau wie alle anderen Anlagen, könne die Meditation gepflegt oder entwickelt werden. Wenn man sie brach liegen lasse, wisse man gar nicht, wie wertvoll sie für das tägliche Leben sei.

Meditation ist *Nach Hause kommen*, zitiert Anna Röcker eine Teilnehmerin eines Meditationsseminars und vermutet, dass dies ein universelles, archetypisches, menschliches Bedürfnis ist, um sich ganz bei sich fühlen zu können, in Übereinstimmung mit sich selbst

zu sein. Deshalb gibt es wohl in allen Kulturen Formen von Meditation.

Anna Röcker ist Musiktherapeutin, Jung'sche Analytikerin, in Zürich ausgebildet, und Yogalehrerin. Ihre Kompetenz in den verschiedenen Bereichen durchwebt das Buch und lässt den roten Faden erkennen. Meditation kann auch ein Gebet sein, so zitiert sie C. G. Jung:

Die einfache Wahrheit, dass dem Gebet nicht nur eine große Bedeutung zukommt, sondern dass es eine tiefe Wirkung auf die menschliche Psyche ausübt, ist Ihnen gewiss bekannt. Fasst man den Begriff des Gebets im weitesten Sinn und nimmt auch die buddhistische und hinduistische Meditation (als seine Entsprechung) hinzu, so ließe sich sagen, dass es die universalste Form religiöser und philosophischer Konzentration des Geistes und aus diesem Grunde eine der ursprünglichsten und häufigsten Methoden darstellt, den Zustand des Geistes zu wandeln. (S. 17)

Der Autorin gelingt es in diesem wunderbaren, praxisorientierten Buch, sowohl kurze einführende theoretische Wege der verschiedenen Medititations-Traditionen vorzustellen, als auch praktische Übungen für Anfänger und Fortgeschrittene zu benennen. Buddhistische Meditation, Zen Meditation, Kontemplation und andere Formen beschreibt sie mit Anleitung zu verschiedenen Übungswegen in vier Schritten.

Es sind Einladungen zum Ausprobieren, seien es vorbereitende Körperübungen oder Imaginationen mit Licht, Symbolen und Leere. Weiterführende Literaturangaben laden zum Vertiefen ein. Der Sinn der Meditation und des Übens erschließt sich gut. Die Wirkung auf Gehirn, Leib und Seele werden beschrieben und sie schließt die erprobte und erfolgreiche Achtsamkeitspraxis mit ein:

Achtsamkeitspraxis und Meditation
- haben eine positive Auswirkung auf Gehirnfunktionen: Konzentration, Gedächtnis und Lernen verbessern sich. Es kommt zu einer verbesserten Zusammenarbeit der rechten und linken Gehirnhälfte.

- führen zu einem Training der affektiven Schaltkreise im Gehirn: Eingefahrene Verhaltensmuster können leichter verändert werden, unter anderem durch Zunahme an Gelassenheit und Offenheit.

- führen zur Emotionsregulation (Gleichmut und Gelassenheit werden gestärkt). Durch Meditation können tiefer liegende Strukturen des Gehirns, in denen unter anderem starke Emotionen wie Wut und Angst verarbeitet werden, beeinflusst werden (bereits nach acht Wochen regelmäßiger Meditationspraxis zeigen sich hier Veränderungen im Mandelkern des limbischen Systems). Das Mitgefühl scheint ebenfalls durch Meditation stärker zu werden (siehe die Untersuchungen von Dr. Tania Singer, Max-Planck-Institut, Leipzig).

- tragen zu einer Verlangsamung des Alterungsprozesses bei (die Dichte der grauen Gehirnsubstanz und der Nervenbündel bleibt bei regelmäßig Meditierenden länger erhalten).

Anna Röcker ist ein ausgesprochen inspirierendes Buch gelungen, das zudem sehr ansprechend gestaltet ist. Es ist eine Einladung für Anfänger und Fortgeschrittene und sehr empfehlenswert. So manche Leser werden dankbar die Übungen von der CD aufnehmen.

Margarete Leibig

Martin Spura
Autobiographie der Nacht - Ein Traumbuch
Verlag: Königshausen u. Neumann
288 Seiten, € 24,80
ISBN 978-3-8260-5780-9

Die Träume offenbaren, was wesentlich ist für ein Menschenleben.

In seinem zweiten Buch nach dem *Verweigerten Opfer des Prometheus* (2009) begibt sich Martin Spura in seiner *Autobiografie der Nacht* auf entwaffnende Weise offen als träumender Mensch zu erkennen. In seinem Traumbuch, das auf der Sammlung von über 7000 Träumen über 16 Jahre hinweg entstand, erzählt er die Verwicklungen seiner seelischen Entwicklung auf persönliche und berührende Weise, und es gelingt ihm scheinbar mühelos, einen perspektivischen Bogen von individuellem Leidens- und Befreiungsweg und der Anschaulichmachung der in den kollektiven Bereichen der Seele schlummernden archetypischen Kräfte zu schlagen. Wer leichtfertig von Schattenarbeit und Integration des Dunklen im Menschen spricht, dem zeigt dieses Buch, wie schwierig dies in der Praxis sein und wie es dennoch gelingen kann.

Manchem mag es den Atem verschlagen, wie weitgehend Spura in seiner Selbstöffnung geht. Nicht nur geht er selbst in größter Offenheit mit seinem Innenleben um, er lässt uns daran als Zeugen teilhaben. Dies ist dann, wie für ihn auch, teils bedrückend, quälend, leidvoll, schambesetzt, aber auch beglückend, bewegend, bereichernd. Sein Unterfangen erinnert darin sicherlich nicht ganz unfreiwillig auch an die Geschichte von C. G. Jungs Lebenskrise und der schöpferischen Umgehensweise damit und das daraus hervorgegangene *Rote Buch*.

In vielen Wendungen und Facetten erhalten wir Einblick in ein von Beginn an durch transgenerationale familiäre Verstrickungen und Verlust sowie Ablehnung geprägtes Leben. Anhand seiner Träume wird der Prozess deutlich, wie ihm mithilfe eines immer tieferen Eintauchens und die erst allmähliche Klärung der Bedeutung der Traumbilder auch die darin verborgene Lebensweisheit zunehmend annehmbarer vor Augen steht.

Spuras Buch ist in dieser Hinsicht ein herausragendes Exempel für die nach wie vor gültige Wirksamkeit der inneren Bilderwelten, die unsere inneren Kräfteverhältnisse und verborgenen Affekte so vorbildlich (!) darzustellen in der Lage sind. Damit ist noch nicht gesagt, dass sich der Autor lediglich für den Weg der introvertierten Individuation, wie er von Jung präferiert wurde, entschieden hat. Viel zu sehr hadert und kämpft Spura darum, dass seine aus seinem Inneren stammenden, von ihm als Herzensweisheit beschriebenen Einsichten auch zu sichtbaren Lebensveränderungen, also zu der von ihm so ersehnten positiveren Weltsicht und tragfähigeren Beziehungen zu seinen Mitmenschen führen können.

Das Träumen ist die Weise, wie die Liebes-Weisheit im Menschen spielt, so Spura zusammenfassend.

Dass dies zuletzt in größerem Umfang gelungen scheint, zeigt sich daran, dass er eine stabile Partnerschaft und auch inzwischen Elternschaft erlangen konnte. Ähnlich wie Jungs Rotes Buch auch seine Leidensgeschichte dokumentiert und neben Faszinierendem auch viel Erschreckendes und Leidvolles darlegt, wird auch bei Spura deutlich, was die Suchbewegung des Autors in seine Innenwelt letztlich mit verursacht haben mag. Neben dem zweifellos begnadeten Talent als Traum- und Mythenforscher, das spätestens jetzt als ausgemacht gelten kann, ist es das fehlende Gegenüber als ein Dialogpartner, als ein Korrektiv gegen die innere Suchbewegung auf der Frage nach dem „Wer bin ich?".

Erst über den langen Weg der Erkundung seiner nächtlichen Bilder gelangte Spura zu einer auch weniger verstellten Auseinandersetzung mit der aktuellen Lebenswelt. Es spricht für die außergewöhnliche Ich-Stärke des Autors, sich diesen Bildern zu stellen und sich immer wieder von der Versuchung einer allzu schnellen Identifikation mit kollektivem Seelenmaterial zu erwehren. Vielmehr gelingt es Spura, die Vielschichtigkeit der Entwicklungsthemen in einigen wenigen Kernpunkten zu bündeln und deren Verflochtensein zur Darstellung zu bringen. Dass sich Träume in dieser Hinsicht nicht an die chronologische Zeit zu halten pflegen, sodass frühere Träume an später erst bewusst werdende Themen rührten, spätere Träume hilfreich waren, weil sie mühelos durch Menschenzeitalter reichen, verweist auf die überzeitliche Dimension unseres Seelenlebens, das für den Autor auch karmische Züge trägt.

Zentrales Bemühen ist das Suchen einer Sprache, um die überzeitliche Dimension unserer archetypischen Grundlagen mit der persönlich-biografischen Lebenswelt in Verbindung zu bringen. Beeinflusst von seinen zahlreichen Studien von Denkern aller Zeitalter mutet diese Sprache manchmal scheinbar mühelos, zuweilen suchend, manchmal schon zu sicher und seltener etwas zu überkommen bis überladen an.

Es zeigt sich, wie schwer es ist, eine Sprache für die Seele zu finden, etwas, was Psychotherapeuten jeden Tag bewegt. Was zwischen den Zeilen anklingt, ist die Freude, die sich einstellt, wenn die Nachtmeerfahrt angenommen, durchlitten und durchstanden ist und sich endlich das Leben auf der Erde für einen wieder zu drehen und zu bewegen beginnt. Dies wird in teils sehr berührender Weise beschrieben.

Spura ist sich sicher: Es gibt eine Seelenverwandtschaft zu unseren Ahnen. Er formuliert seine tief greifenden Einsichten in diese psychische Transgenerationalität in einer an seine „Vorläufer" erinnernden poetischen, emphatischen Sprache. Sie ist unserer Alltagssprache so entrückt, da sie versucht, aus dem Herzen zu sprechen, und wird sicherlich manchem etwas abverlangen.

Auch dem Rezensenten hat es manchmal die Sprache verschlagen, da er sich in vielem wieder erkennen musste, war ihm doch manch Ähnliches widerfahren. Auch er war einen langen Weg gegangen, um das Alte loslassen zu können und den Schmerz aushalten zu können über Geschehenes. Doch er würde lieber den Weg des Romans wählen, den Spura für sich auch erwogen hatte.

Die vielen Umwege, die nötig sind, um zu wenigstens ausreichender Integration zu gelangen, sind realistisch beschrieben und gleichen so gar nicht jenen Patientengeschichten, in denen in der Vergangenheit idealisierend und grob vereinfachend die Entwicklung von Menschen vor und während einer Therapie geschildert wurde. Der grobe Mangel dieser Schilderungen war die Top-bottom Perspektive des „Fachmanns". Spuras Text verweist darauf, dass letztlich allein der Betroffene selbst sich eine Sprache zu geben vermag. Freilich bedarf es dazu eines Gegenübers, das man dem Buch nun wünschen mag in Form zahlreicher Käufer.

Spuras Arbeit mag ich eingliedern in die bereits seit einiger Zeit im Gang befindlichen Versuche, Subjektivität, auch die eines Therapeuten, noch einmal neu zu definieren. Den Anteil, den der Behandler und seine inneren Tiefen auf die Entwicklung einer Behandlung hat, wurde bereits von Jung angesprochen.

Heute versuchen Forscher immer genauer und genauer hinzuschauen und das Wunder der Verständigung, des Entstehens von Vertrauen und das Wunder einer gelingenden Transformation zu beschreiben. Spura spricht von Heilung, von Integration und Wiederauferstehung und nutzt hier genuin jungsche Bilder, um etwas zu verdeutlichen, vor dem jeder und jede von uns im-

mer wieder staunend verstummen müssen. Für dieses Staunen so viele Worte gefunden zu haben, dafür gebührt dem Autor der größte Dank. Die „Autobiografie der Nacht" nimmt uns mit auf eine wahre, Jahre während Reise in die Innenwelt eines hochsensiblen, unbewussten Regungen gegenüber hellwachen und intellektuell gebildeten Mannes, von dem wir hoffentlich noch manches hören werden.

Volker Münch

Hildegard Wiedemann
Mutig den eigenen Weg gehen. Initiatische Märchenarbeit mit tiefenpsychologischen und systemischen Arbeitsweisen
Johanna Nordländer Verlag 2015
177 Seiten, € 19,95
ISBN 978-3-937845-36-4

In ihrem inspirierenden Buch stellt Hildegard Wiedemann die von ihr entwickelte Initiatische Märchenarbeit vor, mit der sie seit 1978 arbeitet und in der sie auch ausbildet.

Von der weisen Erfassung, Bearbeitung und Lösung existentieller menschlicher Probleme in ihrer Beziehung zum „zeitlos Seienden", wie sie die Märchen in ihrer symbolischen, erlebnisnahen Sprache darstellen, können diejenigen lernen, die sich eingehend mit ihnen befassen.

Mit ihrem kreativen, integrativen Ansatz gelingt es Hildegard Wiedemann, diese Weisheit der Märchen dem bewussten Erleben der Teilnehmer zu erschließen und für ihre Selbstsuche nutzbar zu machen. Nach innen gehen, zu sich selbst kommen, aus der Kraft des inneren Kerns und im Streben nach Ganzheit das eigene Leben gestalten, ist das Anliegen.

Geprägt von der Initiatischen Therapie von Karlfried Graf Dürckheim, bereichert durch Impulse aus der tiefenpsychologischen Märchenforschung im Umkreis von C. G. Jung und geleitet durch ein systemisches Verständnis von Beziehungskonstellationen, nutzt sie dazu vielfältige Methoden, wie Tanz, Imagination, Malen, Geführtes Zeichnen, Gebärdensprache, insbesondere auch die systemische Aufstellung von Märchenfiguren und deren Übertragung ins Hier und Jetzt der Darstellenden.

Im ersten der fünf Kapitel des Buches entwickelt Hildegard Wiedemann drei eigene Interpretationsmodelle, um die Prozesse zu verdeutlichen, wie sie sich auf dem Entwicklungsweg zum Selbst hin ereignen können. Dieser Entwicklungsweg ist immer auch Bewusstseinsprozess und wird in drei Phasen dargestellt. Ein Arbeitsmodell zur Strukturierung von Seelenanteilen dient als Hilfe zum Verständnis von Märchenverläufen und von intrapsychischem Geschehen. Die Darstellung von fünf Phasen der Selbstwerdung, wie sie dem innerseelischen Prozess der Märchenhelden zugrunde liegen, beschließt die Ausführungen. Zur Verdeutlichung werden die Modelle im zweiten Kapitel bei der Interpretation von zwei Märchen angewandt.

Der Schwerpunkt des Buches liegt in den weiteren Kapiteln, in der reichen, praxisnahen Schilderung des konkreten Vorgehens.

Eine Beschreibung möglicher Arbeitseinheiten – vom Abend bis zum Wochenendseminar, die ausführliche Darstellung der Methoden, die oben angeführt wurden, und die Dokumentation dreier mit IMA gestalteter Märchenseminare, vermitteln einen sehr plastischen Eindruck, zumal die Erfahrungen der Teilnehmer auf sehr lebendige Weise mit eingebracht werden. Grundmodelle der Bildaufteilung und die Bedeutung der Farben, sowie eine Darstellung von Märchensymbolen und ihrer möglichen Interpretation im Anhang, sind weitere hilfreiche Hinweise.

Mit ihrem Buch gelingt es Hildegard Wiedemann, die Bedeutung der Märchen als Hilfe auf dem Weg zur Selbstwerdung in den Blickpunkt zu rücken und ein facettenreiches Konzept zu vermitteln, um sie in diesem Sinne zu nutzen.

Dr. Gudrun Bosse